李清刚　吴桂英 等编著

民办学校推进课程改革的实践与探索

暨南大學出版社
JINAN UNIVERSITY PRESS

中国·广州

图书在版编目（CIP）数据

民办学校推进课程改革的实践与探索/李清刚，吴桂英等编著．—广州：暨南大学出版社，2014．7
ISBN 978－7－5668－1040－3

Ⅰ．①民… Ⅱ．①李… ②吴… Ⅲ．①民办学校—课程改革—研究 Ⅳ．①G522．74

中国版本图书馆 CIP 数据核字（2014）第 111988 号

出版发行：暨南大学出版社

地　址：中国广州暨南大学
电　话：总编室（8620）85221601
营销部（8620）85225284　85228291　85228292（邮购）
传　真：（8620）85221583（办公室）　85223774（营销部）
邮　编：510630
网　址：http：//www．jnupress．com　http：//press．jnu．edu．cn

排　版：广州市天河星辰文化发展部照排中心
印　刷：佛山市浩文彩色印刷有限公司

开　本：890mm×1240mm　1/32
印　张：7．625
字　数：164 千
版　次：2014 年 7 月第 1 版
印　次：2014 年 7 月第 1 次

定　价：25．00 元

序

课程是学校教育内容的基本载体，是学校开展教育教学工作的主要渠道。本书主要关注民办学校的课程改革，具有较强的理论与实践意义。

课程实施的最重要保障不是教科书和课程标准等课程文本，而是教师本身的素质。“教师就是活课程。”本书针对民办学校教师流动问题，揭示了民办学校教师在实施新课程过程中存在的问题，并有针对性地提出了改进建议。这些探讨找准了问题的关键所在，在同类研究中脱颖而出，独树一帜。

在课程实施过程中，小组互助合作学习是课程纲要倡导的重要学习方法。这一学习理念对教学实践产生了积极的影响，但很多学校在实施过程中，也存在一些误区，甚至出现形式化、肤浅化、泛化等倾向。本书重点探讨了小组互助合作学习这一学习方法，其中提供的经验可供很多学校实施新课程时借鉴。具体来说，本书首先对小组互助合作学习进行了理论分析，同时不忘关照教育教学实践，提出了开展小组互助合作学习的具体方法，其中不仅穿插教学案例展示，还列明开展过程中的注意事项。其次，本书集中分析了导入在小组互助合作学习中的作用，论述了以学习者为中心的互助合作式导学案，强调要处理好接受学习与发现学习的关系、预设性与生成性的关系等。最后，本书还展示了在不同学科中如何应用小组互助合作学习方法，为一线教师在不同学科教学实践中运用小组互助合作学习方法提供了直观具体的范例。

值得一提的是，一方面，本书对课程实施问题进行了集中的分析；另一方面，本书的研究视角不局限于课程论的范畴，还从管理学、法学等相关理论视角深入地剖析问题，综合多学科理论来探讨民办学校推进课程改革的问题。多学科视角的运用，让本书的观点更为丰富多彩。

总之，本书围绕民办教育实施新课程中的热点问题展开了深入分析，重点关注了教师流动、小组互助合作学习等问题，提出了诸多独到的观点，既丰富了学术界对民办学校实施新课程的认识，又为民办学校实施新课程提供了指导性意见。

民办教育承载着中国教育的希望。值此书即将出版之际，衷心祝愿我国的民办教育越办越好，民办学校的课程越来越精彩，民办学校的教师越来越优秀，民办学校的孩子越来越幸福！

王世伟

香港中文大学博士、中山大学博士后

华南师范大学教育学院副教授

2014 年 3 月

目　录

绪 论

一、研究背景

教育部《关于深化基础教育课程改革进一步推进素质教育的意见》肯定了基础教育课程改革取得的成绩，同时指出了其目前仍面临严峻的挑战，如一些地方学校办学条件不足，教师队伍建设有待加强，课程建设、专业支持力量等服务保障体系较为薄弱等。其实这些问题在民办学校尤其是打工子弟学校表现更为突出，要促进教育的优质均衡发展，提升民办学校的课程实施质量是当务之急。本课题以广州为例，针对当前民办学校推进课程改革存在的突出问题，以课程改革的六大目标为依据，对当前民办学校推进课程改革的现状和效果进行清晰、科学的概览和评估，通过调查和分析，发现和解剖存在的突出问题，并借鉴美、英、日等国推进课程改革的经验，集中本课题组专家团队的意见，提出操作性强、权威度高的对策与方案，为民办学校纵深推进课程改革提供参考意见和适切指导。

二、文献综述

（一）国外课程改革的状况简述

国外关于课程改革的文献非常丰富。20世纪四五十年代，美国要求改革教育、改革课堂教学的呼声就不绝于耳，比如《教育危机：挑战美国的自满》（*Crisis in Education*：*A Challenge to Amercian Complacency*）（Bell，1949）等，要求课程设计重视学生的主体性，注重学生的个性特长，主张多开设活动课程。20世纪50年代后期和60年代，随着苏联发射第一颗人造地球卫星，美国把太空竞争的失败归因于教育失败，于是进行了长达10年的教育课程改革，增加学术性课程，提升学生的科学文化素质。到了70年代之后，美国学术界开始发现过度学术化、系统化的课程对学生的个性发展造成了潜在的伤害，因此又在课程设计中增加活动课程、减少学术课程，以发展学生的个性特长。到了2001年，美国颁布了《不让一个孩子掉队》的法案，重新强调教育绩效和学术课程。至此，美国的课程改革经历了一个钟摆循环：注重个性——注重学术——注重个性——注重学术。

相对于美国钟摆式的课改轨迹，英国中小学课改的演进则平稳得多。就其课改的总体演进脉络而言，英国与美国一样处于两极的摇摆之中。纵观英国自20世纪以来的总体改革历程，则是“注重学术——注重个性——注重学术”的循环过程。当然这种循环不是简单的重复，1988年改革后所确立的基础教育课程与19世纪末20世纪初的基础教育课程有着本质的不同，后者在强调学术内容的同时并没有抹杀儿童个性发展，而是较为明智地在“注重学术”与“注重个性”之间试图谋求相对的平衡。

日本在世界潮流的课改面前并没有错失机遇，自20世纪80年代以来，日本根据本国实际和吸收西方国家的课改经验，以中央临时教育审议会发表的四次咨询报告为契机，展开了声势浩大的基础教育课改，至今仍在继续。日本教育审议会确定了课改的总目标和指导思想：①培养具有丰富的人性和社会性，能够自立于国际社会的日本人；②培养学生独立学习和独立思考的能力；③通过开展宽松的教育活动，切实加强基础，充实发展个性的教育；④使各个学校能够发挥主动性，创造出有特色的教育，兴办特色学校。[①] 不难发现，日本当前的课改出现了“注重学术——注重个性”的转变。当然，日本学生仍在遭受“考试地狱”的应试煎熬。日本在注重学生个性导向改革的同时，也确立了基本的学术内容设计。同英国一样，日本的基础教育课改也试图在“注重学术”与“注重个性”之间谋求平衡。

与此类似，我国目前的基础教育课程改革在整体上是从“注重学术”转向“注重个性”，目的是以给学生减负的形式提高教育质量，促使学生发展个性特长和提高综合素质，同样也是在“注重学术”与“注重个性”之间试图谋求平衡。但

---

① 郭雯霞．当前日本基础教育课程改革述评．比较教育研究，2001（8）．

从实际效果来看，我国的课程改革仍陷入应试教育的泥潭，依然固守注重学术的倾向，距离以人为本和发展个性特长还有很长的路要走，还有很多障碍需要克服。

（二）国内课程改革进展的现状简述

课程改革，不单是为了调整教育系统，以适应产生于其他社会系统的变化所带来的新的和紧急的要求，其在“本质上是深思熟虑的、有目的、有方法的作为”。课程改革是一项系统工程。它包括制订新的教学计划、制订各学科的教学大纲、编写新的教科书和编订课外活动计划。因此，改革必须在具有一定的动因且有明确具体的方案时，才能付诸实施；只有遵循教育科学规律，才能收到预期效果。在世纪之交，教育部制定了《基础教育课程改革纲要（试行）》（以下简称《纲要》），《纲要》确定了改革目标，研制了各门课程的课程标准或指导纲要。我国新一轮基础教育课程改革以邓小平的“教育要面向现代化、面向世界、面向未来”和江泽民的“三个代表”重要思想为指导，全面贯彻国家教育方针，以提高国民素质为宗旨，以培养创新精神和实践能力为重点，强调课程要促进每个学生身心健康发展，培养良好品德，强调基础教育要满足每个学生终身发展的需要，培养学生终身学习的愿望和能力，遵循“先实验后推广”的原则，于2001年9月在全国38个国家级实验区进行了实验，2002年秋季进一步扩大范围，在近500个县（区）开展实验。新课程正在逐步走进校园，走近学生和教师。然而就全国而言，对新课改进行深度研究的论文或专著并不多见；而有关民办学校如何贯彻实施课程改革的研究更是少见。目前，如何认识民办学校实施课改的现状、存在哪些突出问题以及如何因应这些问题，成为摆在课程改革的决策者、实施者和研究者面前的一项急迫而重大的课题。

（三）国外民办学校实施课程改革的情况综述

英美是分权制国家，政府对私立学校的管理比较宽松，在课程设置和实施上，只要在联邦、州或地方法律允许下，一般有较大的设置自主权，有些州会给董事会完全的设置自主权，有些州则要求在与公立学校课程[①]保持大体一致的基础上，可灵活增加新的内容。整体来讲，世界范围内私立学校课程设置的自主权都比较大，大多数不参加政府统一的考试，因而可设置和实施更多发展个性的课程，而且都有较为充足的资源保障。灵活的课程设置权是私立学校办出特色和赢得信誉的重要基础。毋庸讳言，国外私立学校在课程设置上普遍存在随意性的弊端。这与中国民办学校的课程设置很不相同。我国民办学校在课程设置和实施上同公办学校一样受到政府的较多控制，民办学校课程设置的自主权较小，它们必须按照国家统一的课程标准来设置和实施，甚至连选用教材都要受到政府严格控制，学生还必须接受政府统一的考试，因而更多的是追求学术素养，难以在培养个性方面体现出特色。以民办中小学为例，新课程规定校本课程（学校自

① 公立学校课程设置以前较为自由，但近年来日益受到标准化考试的压力，取消了无须统考的课程而主要集中在要统考的内容上。

主设置课程）不超过20%，如此严格控制固然消除了课程设置随意性的弊端，但同时也造成了民办学校和公办学校一样丧失了办学特色，千校一面。我国的教育管理体制与英美相比存在巨大差异、我国民办教育政策不成熟和不稳定，以及当前民办教育还处于探索发展阶段等原因，使我国民办学校在课程设置和实施上存在具有中国特色的问题和风险。

目前，国内对这一问题进行全面探讨和深入剖析的相关论文或者报告较少，屈指可数的几篇论文也主要是论述民办高校的课程设置与实施问题，而对民办中小学的课程设置与实施的深度研究较为少见。因此，本课题从民办学校课程实施的主体——教师群体的情况、民办学校课程实施的情况、民办学校"弃学生"的情况、民办教育的产权分析以及广州市培才高级中学（以下简称培才高中）开展新课程小组互助学习改革的情况五个维度较为全面深入地探索民办学校推进课程改革的进展、得失、经验和教训，为我国民办学校推进课程改革提供参考和借鉴。

三、研究方法

本课题主要采用文献综述、调查研究、行动研究及个案研究等研究方法。

（1）文献综述，是指就某一时间，针对某一专题，对大量原始研究文献中的数据、资料和主要观点进行归纳整理、分析提炼，以呈现这一专题的历史背景、研究现状和发展趋势。

（2）调查研究，是指深入现场进行考察，以探求客观事物的真相、性质和发展规律的活动。它是人们认识社会、改造社会的一种科学方法。

（3）行动研究，是指在自然、真实的教育环境中，教育实际工作者按照一定的操作程序，综合运用多种研究方法与技术，在行动中以解决教育实际问题为目标的一种研究模式。

（4）个案研究，是指对某一个体、某一群体或某一组织在较长时间里连续进行调查，以求探索其行为发展变化的全过程，也称为案例研究法。

四、研究内容与推进计划

本课题主要侧重于民办学校课程改革的问题与对策研究，主要包括：

（一）民办学校教师流动问题研究（李清刚、李柏宁主持）

完成时间：2012 年 8 月至 2012 年 12 月

民办学校教师队伍的稳定状况是直接影响学校课程实施和改革效果的重要因素。随着教育行业竞争的加剧和城市化进程的加速，教师流动也越来越频繁，而处在教育改革前沿的民办学校对教师流动的感受无疑更为敏感和深刻。因此，研究和探讨民办学校教师流动问题，对于民办学校课程实施和改革有着重要的意义。具体研究内容和成果如下：

1. 民办学校教师流动的内涵和特征

教师流动一般是指教师资源在不同地域、不同行业、不同学校之间的配置过程。不同地域是指教师在城区和农村之间流动；不同行业则指教师在教育行业和其他非教育行业之间的流动；不同学校的含义丰富一些，既指教师在公办学校之间的流动或者民办学校之间的流动，也指在公办与民办学校之间的流动。本研究侧重于教师在民办学校之间的流动和在公办与民办学校之间的流动，不涉及教师社会分层问题。

民办学校教师流动的特征主要为流动频繁和单向流动，即民办学校教师向公办学校的大批量回流。

2. 民办学校教师流动的成因

（1）公办与民办学校教师身份地位的不同。

（2）公办与民办学校教师的经济收入差距过大。

（3）相较公办学校，民办学校的压力更大。

（4）文化因素。

（5）管理因素。

3. 因应上述成因的对策

（1）地方政府要具体贯彻落实《中华人民共和国民办教育促进法》（以下简称《民促法》）关于公办与民办学校及教职工同等地位的规定。

（2）民办学校要敢于创新，办出特色，走品牌之路。

（3）民办学校要切实提高专任教师在教职工中的比例，开展教育科研，进行有效教学探索，减轻教师压力。

（4）民办学校应做好新聘教师的文化顺应教育，以降低其跳槽频率。

（5）完善民办学校的法人治理结构，鼓励建立教师年金制度和公办学校教师定期到民办学校轮换执教制度。

（二）民办学校课程实施的问题与对策研究（李清刚、李小群主持）

完成时间：2012 年 9 月至 2013 年 1 月

当前民办教育的研究主要集中在学校产权和分类资助等管理层面，而对民办学校课程实施的研究则很少。其实民办学校课程实施的质量才是决定其核心竞争力的重要因素，尤其是在公办与民办学校共同发展的格局下，民办学校提升课程实施质量无疑是在激烈的教育竞争中谋取比较优势地位的重要保证。具体研究内容和成果如下：

1. 民办学校课程实施的问题

（1）整体上对课程实施的资源投入不足。

（2）教师教学压力过大，教师队伍不稳定。

（3）学生学习压力过大，难以跟上课程实施的进度。

（4）校本课程设置缺乏特色。

（5）课程评价单一、狭隘，缺乏全面有效的评估。

2. 解决上述问题的对策

（1）完善民办学校的法人治理结构，确保教育专家办学。

（2）减轻教师压力，稳定教师队伍。

（3）减轻学生的学习压力，因地制宜地设置课程模块。

（4）进行特色化的校本课程探索。

（5）探索建构合理有效的课程评价体系。

（三）民办教育的产权分析（李清刚主持）

完成时间：2012 年 12 月至 2013 年 4 月

民办教育产权不清晰是影响民办学校实施课程改革的重要因素，尤其是影响举办者决定是否加大资源投入的重要因素，因此，要深入研究民办学校推进课程改革的问题，就非常有必要啃民办教育产权这块硬骨头。具体研究内容和成果如下：

民办教育的产权很复杂，主要分为民办学历教育和民办非学历教育（民办培训机构）两种情况。民办学历教育与企业产权的最大区别在于被限制了收益权。学历教育举办者非要做企业家，非要办成企业，《民促法》是不允许的，但可以去工商部门注册举办民办培训机构。民办培训机构完全按照市场法则运营，产权构成完全和企业相同。因此，民办学历教育必须坚持公益性和非营利性的原则，不能办成学店。

从长远考虑，可通过特许经营的方式把公办学校的经营权授予私人或团体，但其必须具有独立法人资格，按照市场规则独立经营，自负盈亏，同时为了保证公用事业公有产权的性质，私人或团体只能具有经营权。为防止经营者为了追逐利润而抬高价格，损害教育公共利益，政府应通过有效的中介机构来监督管理，对学费变化或者经营者的报酬进行复核，以控制教育服务产品的价格。另外一条可行之路就是政府委托购买学位，接受委托的学校的教师工资、学校建设费用和学生人均公用经费等均由政府承担，政府规定其收费标准，并对较好地完成委托任务的民办学校给予奖励和补助。

如此，民办学校课程的顺利实施才能得到制度上的保障。

（四）民办学校“弃学生”的问题研究（李小群主持）

完成时间：2011 年 3 月至 2012 年 10 月

大多数民办学校生源素质不高，尤其存在为数众多的“弃学生”，因此研究如何转化“弃学生”，对于提高民办学校的课程实施质量有着直接的促进作用。具体研究内容和成果如下：

1. “弃学”的含义

“弃学”包括舍弃学科、舍弃学习、舍弃学校。本书研究的“弃学”主要包括舍弃学科、舍弃学习。

2. “弃学”的成因

（1）从心理学的角度看，学生“弃学”主要存在诸多情绪障碍。

（2）从教育学的角度看，处在学段交接的关键点时学生容易适应不良。

（3）从教育实践的角度看，学生课业负担过重。

（4）从学生自身发展水平的角度看，“弃学生”往往表现为累积性的习得性不良。

（5）从教师的角度看，教学方式不当催生“弃学”现象。

（6）从家长教育方式的角度看，不当的教育方式往往是“弃学”的助推器。

(7) 从社会思潮的角度看，读书无用论的蔓延加剧了“弃学”现象。

(8) 从科技发展的角度看，学生网络成瘾，致使学业沦落。

3. 因应“弃学”的对策

(1) 加强心理辅导，注重学生的情绪反馈。

(2) 注重学段衔接的顺滑，帮助学生调节适应不良。

(3) 全面深化素质教育，切实减轻学生课业负担。

(4) 针对学生自身学术积累不良，帮助其重建知识结构。

(5) 改革教育方式，坚持正面教育。

(6) 通过家长学校实施对家长的教育引导。

(7) 加强舆论引导，帮助“弃学生”走出读书无用论的阴影。

(8) 引导“弃学生”文明上网，丰富校园生活。

(五) 小组互助合作学习课堂模式研究（吴桂英主持）

完成时间：2011 年 10 月至 2013 年 11 月

为了借助民办学校办学体制的灵活性，为新课程的实施提供充分的改革实验空间，培才高中着力进行小组互助合作学习课堂模式研究，主要立足于四个转变：①教师角色转变，即由教师变为导师，由师长变为学长；②学生角色转变，即由要我学变为我要学和我会学；③教室功能转变，即由教室变为学室，由讲堂变为学堂；④教学方式转变，即由授变为启，由灌输变为探究，由学生听变为学生讲，由教师“一言堂”变为学生“群言堂”。其实施模式就是以导学案制为先导、以有效教学为抓手、以合作探究为途径来实现新课堂模式的生成。为检验理念，就要进行实验研究，培才高中安排了10多位教师参与小组互助合作学习课堂模式研究。实践证明，这种模式明显提高了课程实施的效率。

五、研究创新及特色

（一）采用多学科视角使研究更深入、透彻

以多学科视角研究民办教育是本课题的一个创新点和显著特色。以往的类似研究往往局限于单一的教育学科之内探求应对之策，难以取得理论上或实践上的新进展。本课题主要聚焦民办学校课程实施的两大关键因素——教师和课程，逐个剖析了上述两个因素存在的问题，并提出了相应的解决之道。研究上述两个因素时并不仅仅局限于课程论或教学论的范畴，还同时运用了政治学、管理学、社会学等相关理论深入剖析问题成因，综合多学科理论来探讨民办学校推进课程改革的问题，因而研究更深入和更具体。

（二）由点及面，重在试点研究

理论研究不仅能丰富和修正理论，更重要的是能指导实践，对民办学校的课程实施、实践作出回应，因而本课题择

取培才高中为个案，由点及面地进行了民办学校课程改革实践，实施小组互助合作学习的教育研究，为民办学校实施课程改革树立一个成功的试点和示范。这是本课题的另一个创新点。以往的同类研究只是注重宏观调研而忽略对作为微观主体的民办学校的研究，不能深刻切入和契合民办教育具体而实际的需求。相较之下，本课题由于注重个案和微观分析，课题成果扎根基层，更能反映民办学校的真实诉求，课题提出的建议和对策更具可操作性和针对性。

（三）本课题所提建议对广州民办教育决策产生了重大、深远的影响

本课题成果不仅为一线民办学校服务，还为教育决策作出了贡献。比如，在研究民办教育产权问题时提出的“为进城务工人员随迁子女加大财政转移支付力度”的建议，得到了广州市财政局的认可和肯定；在研究民办学校教师流动问题时提出的“建立教师年金制度和公办学校教师定期到民办学校轮换执教制度”的建议已经写入《广州市人民政府关于促进民办教育发展的意见》（穗府〔2014〕12号）中，并于2014年3月12日正式实施。

六、后续研究与讨论

经过两年多深入而艰苦的探索研究，本课题取得了较为丰硕的成果。本课题的成果丰富和深化了课程论的有关理论，解决了民办学校实施课程普遍遇到的共性问题，初步形成了

民办学校实施课程改革的有关经验和理论，为我国民办教育理论宝库建设贡献了力量，也期待同类研究的数量越来越多、质量越来越高。但也应该清醒地看到，还有一些与本课题相关的问题尚待后续探讨和进一步研究，主要有以下三点：

第一，民办学校的办学行为还有待规范。如何进一步规范民办学校的办学行为，做到既依法保证其充分的办学自主权，又防止其以创新为名挪用资金中饱私囊，目前还有待深入研究。

第二，民办教育多头监管的状况还没有得到遏制和改善。民办教育审批政出多门，监管单位五花八门，有工商、民政、教育、国土、税务、消防、社会中介等，实则没有一家单位能够真正对民办教育进行有力监管，看似谁都在管，其实谁都没管，因此这个问题有待进一步深入探索。

第三，小组互助合作学习的理论研究有待强化，还没有构建出一套可操作性强的科学的评价方法和体系，尚待后续深入研究。

上编

理论探讨

民办教育的产权分析

一、《民促法》的立法宗旨

在讨论民办教育产权之前，首先要弄清楚《民促法》的立法宗旨。民办教育立法的宗旨就是要确立民办教育在社会主义教育事业中的地位和作用，体现国家积极鼓励、大力支持、正确引导、依法管理的方针，规范民办学校的办学行为，规范政府的管理行为，保护举办者、民办学校和师生的合法权益。《民促法》把民办教育的主体部分（学校教育）定位为非营利性质的公益事业，不再强调《教育法》第三章第二十五条规定的“任何组织和个人不得以营利为目的举办学校及其他教育机构”。在教育法律体系中，《民促法》属于教育法的下位法，在立法机构未对这一条款作出颠覆性修改之前，《民促法》是不能与教育法的这一原则相冲突的。对于这一点，《民促法》第一条就作了明确的规定：“依据宪法和教育法制定本法。”第三条也规定：“民办教育事业是社会主义教育事业的组成部分。”这明确表明《宪法》和《教育法》既是《民促法》立法的依据，也是《民促法》必须遵循的原则，而这些依据和原则明确指出社会主义教育事业是公益性的事业。由此也可以看出，作为社会主义教育事业的有机组成部分，民办教育事业也是公益性的。毫无疑问，《民促法》为我国民办教育事业的发展打上公益的非营利的烙印，从根本上肯定了我国民办教育事业是公益事业的范畴。①

从另一个角度来看，《民促法》既然叫做“促进法”，显然不排斥营利性培训机构的发展。《民促法》第六十六条规定：“在工商行政管理部门登记注册的经营性的民办培训机构的管理办法，由国务院另行规定。”由此可见，《民促法》在制定之初就已经考虑到对民办教育进行分类，占主体部分的是公益性、非营利性的民办学校和其他教育机构，此外还应存在经营性的、在工商行政管理部门登记注册的民办培训机构（主要是非学历民办培训机构）。至于经营性民办培训机构的管理办法则留给国务院另行规定。换言之，其不属于该法调整的范围。上述分类体现了《民促法》的立法宗旨：促进和鼓励，即促进和鼓励一切要素来发展各种类型的民办教育。如想营利的，就去工商部门登记注册（办学定位为非学历培训，按照企业模式运转，不享受民办学校的税收优惠政策）；捐资办学或者不以营利为目的的，就去民政部门登记注册（办学定位为学历教育，享受有关的税收优惠政策）。当然，在登记注册时还要说明是否要求合理回报，不要求合理回报的民办学校由于其产权属于社会公共群体而被看作纯公益性民办学校，并不是如一些学者认为的未从根本上区分

① 黄崴．教育法学．北京：高等教育出版社，2007. 498 ~ 499.

非营利性与营利性的不同。①

二、民办教育产权

《民促法》调整的范围主要是公益性、非营利性的民办学校或者非营利性办学机构，其目的主要是引进私营企业的资金、技术和管理来提高公共管理部门的绩效，是一种新的公共管理理论的改革试验。这一点和国外的营利性私立学校不同，国外是把民办学历教育分为营利性民办和非营利性民办两个部门。我国《民促法》规定只要在学历教育阶段，都属于非营利性的民办教育部门，只有在非学历阶段可以存在营利性民办机构。②

（一）民办学校法人财产权的结构

由于《民促法》把学历教育阶段的民办学校或者其他非营利性的办学机构列入公用事业的范畴，其产权结构划分才会变得如此复杂。一般认为公用事业的产权是政府投入、政府所有、政府生产、政府管理，其好处是可以降低服务收费，减轻价格上涨的压力，但也导致了政府垄断、效率低下等问题。如果允许产权转让私人，虽然会减轻政府财政压力，调动私人办学的积极性，但易导致公共资产流失、政府控制力

---

① 王建．民办学校分类管理．北京大学教育评论，2012（2）：24.

② 这与温州民办教育的分类管理改革不同，温州民办教育认可营利性全日制民办学校的存在，实际上默认民办学历教育可以分为营利性和非营利性两部分，对非学历培训机构亦如是划分。其充满争议的产业化取向的改革成效有待时间和历史检验，这里姑且不论。

明显下降，带来价格上涨和服务质量下降等风险。因此政府公用事业的产权改革遇到了两难困境，反映在民办教育领域也是如此。

《民促法》出于“突破”上述困境的考虑，明确了民办学校法人财产权，包括占有、处置、收益、剩余索取等权力，同时明确举办者对学校投入部分的限制性产权。至于增值部分的产权则比较复杂，举办者投入民办学校所形成的财产属于举办者自有财产，归举办者所有；国家资助和政策优惠投入民办学校所形成的财产属于国有资产，归国家所有；社会捐赠给民办学校的资产属于学校公共资产，归民办学校所有；运营中形成的增值校产，其中除依照法律规定的出资人可以从办学节余中提取合理回报的部分属于出资人的合法财产归出资人所有外，其余办学积累或增值均属于学校公共资产，归民办学校所有。投入者虽然享有其投入资产的所有权，但这个所有权是在受到“限制”下行使的。在民办学校存续期间，投入者对其资产的所有权和管理权是相分离的。《民促法》第三十五条规定：“民办学校对举办者投入民办学校的资产、国有资产、受赠的财产以及办学积累，享有法人财产权。”第三十六条规定：“民办学校存续期间，所有资产由民办学校依法管理和使用，任何组织和个人不得侵占。”依照《民法通则》第五十条第二款有关规定和《民促法》的规定，民办学校自其完成法人登记之日起，就对学校所有资产拥有独立的法人财产权。民办学校作为独立法人“以其财产为基础对外从事民事活动，以自己的财产为对价从别人那里取得财产；以其全部财产作为从事民事活动的一般担保，并以具体财产偿付其债务”①。举办者的财产应当与投入学校的财产相分离，举办者不得将民办学校的财产转让、抵押，不得从事与教育无关的活动。民办学校的独立法人财产权表明，不管其来源、性质、形式和所有权如何，只要是依法进入民办学校的资产，形成了学校财产，民办学校在存续期间就对其所有财产拥有独立的支配权，但这种支配权并不改变各部分财产的所有权。“民办学校根据学校决策机构的决定，为履行教育教学活动的职责，独立地、自主地支配其校产，即对校产享有占有、使用和依法处分的权利”，“在民办学校存续期间，校产的原投入者，不能因对其投入资产的所有权，而随意从校产中撤回资产的投入”，也不能随意决定其使用方式或改变其用途。也就是说，学校财产的所有权拥有者，必须尊重学校的独立法人财产权，不能因其拥有所有权而剥夺法律赋予民办学校决策机构对其资产的独立支配权。实际上，当资产依法进入学校之时，资产的所有者就自然地将其资产的支配权转移给了学校的决策机构。②

民办学校因其民办非企业单位身份而被归入非营利性组织之中，非营利性组织产权的特征则是所有权和剩余索取权缺位，没有人和组织拥有它的所有权和剩余索取权，因此没有人拥有民办学校的所有权和剩余索取权，由民办学校的经营利润（剩余）积累形成的资产只属于民办学校本身，在民

① 王文源．民办学校合理回报与财产权制度构建．教育发展研究，2005(7B)：28.

② 王文源．民办学校合理回报与财产权制度构建．教育发展研究，2005(7B)：29.

办学校正常运作的情况下，任何组织和个人都不能获得民办学校的这些资产，而当民办学校不能正常运作或者破产时，这部分资产归政府（国家）所有。民办学校的非营利性不是指其不能营利，而是指企业的利润或剩余不能被分配，各生产要素所有者（包括出资人）只能获取固定的合同收入，出资人不能拥有组织的剩余收益权和所有权，组织的剩余利润只能留在组织内。① 举办者拥有的只是固定合同收入，而取得固定合同收入的前提是要求合理回报，捐资办学的出资人则不要求获得合理回报。

（二）民办学校法人财产权与企业产权对比

有观点认为，根据《民促法》对民办高校产权的相关规定，民办高校的产权是残缺的。产权的残缺实质是产权明晰下的不公平问题。论者将《民促法》与《公司法》作对比，指出《公司法》第四条规定“公司股东作为出资者按投入公司的资本额享有所有者的资产收益、重大决策和选择管理者等权力……公司享有由股东投资形成的全部法人财产，依法享有民事权利，承担民事责任”，这样，同样的投资，在公司与学校的资产收益及决策权限上就产生了重大差异。这种产权上的残缺会影响民办高校投资者追加投资的积极性。如果董事长（一般是投资方）和院方在办学问题上达成共识，那么学校的运转还相当顺畅；但如果产生矛盾，首先感到利

① 杨光华，陈晓春．非营利性组织产权问题研究．哈尔滨学院学报，2005(3)：62～66.

益不被保护的是投资方。长此以往，将会抑制投资者的投资热情，不利于民办高校做强做大。[1] 对此，笔者不认为这是产权明晰下的不公平问题，其论调过于悲观，其实理顺学校内部管理机制就可以较好地解决这个问题。再退一步说，非营利性组织的产权规定正是保证了即使私人投资者投资非营利性组织，他们也只能获得固定的投资回报。非营利性组织利润不能被分配，只能留在组织内再发展。由于非营利性组织没有真正所有者，从而淡化其营利的强烈动机，不追求利润最大化，而注重供给服务的公益性方面。这才能与非营利性组织是社会公益性组织，提供准公共产品或纯公共产品的目标相一致。这种保证是非营利性组织获得社会捐赠、税收减免和体现公益性质的前提。民办高校属于学历教育，属于《民促法》的调整范围，但不是《公司法》调整的对象，不能用企业产权制度来为非营利性质的民办学校产权安排提供标准和尺度。因此，包括民办高校在内的所有实施学历教育的民办学校只能坚持公益性、非营利性的办学宗旨，可以要求合理回报，如果觉得合理回报还不足以满足追求高额利润的动机，那么可以退出学历教育，转而举办非学历经营性民办培训机构（要在工商部门注册）。因此这里的主要问题在于出资方（举办者）的退出机制以及民办教育的产权流转制度有待健全。

---

① 陈秋苹．立足促进：民办高校产权问题探析．中国高等教育，2003（18）：38～39.

三、合理回报与民办教育的产权流转改革

（一）合理回报并非收益权

《民促法》为想要收益的举办者设计了奖励性的合理回报制度，至少公益性的民办学校或者教育机构的举办者可以拥有投入部分的限制性的类似“收益权”，实质并非出资人收益权的表现，而只是一种奖励性措施。如果举办者不要求合理回报，属于捐资办学，其对举办的民办学校或者教育机构则完全不拥有权能。赞同者认为这是公私合作的产权创新，反对者则认为举办者的投入产权得不到保障。笔者虽不认为《民促法》这样的产权制度设计是有所创新，但也觉得无可厚非，如上所述《民促法》为想举办产权清晰的营利性民办培训机构开了口子，如果出资人不满意《民促法》的产权设计，大可以去举办产权划分清晰的营利性民办培训机构。《民促法》真正做到了让一切举办民办教育的要素充分涌流。

《民促法》对于学校终止后剩余财产的归属与分割也作了相当完善的规定，只是对于增值的校产，尤其是举办者投入带来的增值部分能否全部收回的问题存在争议。有论者认为，民办学校发展不容易，举办者冒着风险为学校积累了丰厚的校产，理应拿回属于自己投入增值的那部分，否则将没有人有热情和兴趣来举办民办教育。由于风险的存在，有可能出现把发展势头良好的民办学校无意或故意办砸，或者负

债经营把负担留给政府等投机行为。[①] 以上观点看起来理由很充足，实际上难以成立。《民促法》在坚持教育公益、不以营利为目的的前提下，仍为举办者提供奖励性的合理回报，并给出了提取合理回报的程序和原则，并没有完全打击举办者想办学获利的积极性。《民促法》如此良苦用心也不过是否决学校教育产业化，坚持教育公益性的目的，要求不能把学校办成学店。《民促法》规定举办者可以要求得到奖励性的合理回报，而非分红或者利润，公益性民办教育机构不能成为企业，民办教育举办者固然也需要企业家才能，但是民办学历教育机构并非企业。这就是《民促法》给他们的定位，如果办得好且要求合理回报，就可以有奖励性的合理回报。且不说政府为民办教育发展提供的政策性优惠条件，由始至终政府都没参与民办学校的所谓“分红”，民办学校培养了高质量人才，才是政府和民办学校共同的期许，他们要在这条路上达成完全一致，让政府受益、社会受益，而这不正是《民促法》的立法宗旨吗？此外，《民促法》对于真正想公益办学的举办者在税收、用地等方面给出了很多扶持性和优惠性举措，可以看作政府对限制举办者产权“权能”的一种补偿。学历教育举办者非要做企业家，非要办成企业，《民促法》是不允许的，但可以去工商部门注册举办民办培训机构。民办培训机构完全按照市场法则运营，产权构成完全和企业相同，也不存在那么多有关产权的争议。《民促法》

① 张铁明等．产权激励机制是民办教育制度安排的关键．教育发展研究，2007（7B－8B）：8～9.

为举办者指出了不同的道路，只是关闭了学历教育产业化的路径，向那些想在学历教育这一块憋足了劲的“企业家”昭示此路不通。

《民促法》对民办学历教育产业化的否定也屡遭非议。很多专家抱怨，由于《教育法》以及《民促法》等法律对民办学历教育的营利性“一厢情愿”的限制，民办学历教育整体上发展偏弱，他们甚至呼吁立法取消这种限制。在笔者看来，纵观发达国家，非营利性教育才是主流，营利性教育占总体的比例通常不高。而《教育法》等相关法律对教育不以营利为目的的限制是立足实际，基本上是正确的，就是为了保证学历教育的公益性目的，国家对其扶持也有了正义的前提。恰好是民办学历教育举办者不愿坚持公益这个目的，不愿遵从不以营利为目的的办学导向，同时也缺少健全的减税举措鼓励企业家捐资办学或者助学等原因，才导致了民办学历教育偏弱的现状，不能因果倒置而抱怨《教育法》“不合时宜”。[①]

（二）民办教育的产权流转改革

实际上，很多举办者不把从事学历教育的民办学校当作公益性事业来看待，或者借公益之名，行私利之实，把利润最大化作为办学追求。学校法人财产权主要由举办者操控的董事会来行使，要维持这个董事会权力的制衡关系，只靠举

① 李清刚．五个国家中心城市2010年民办教育状况的统计分析．教育导刊，2012（2）：20～23.

办者的自觉显然难以做到。因为举办者的出资没有明晰的“产权”保障，难免出现想方设法抽逃学校资金和转移校产的不法行为，这就要依靠法律的保障，同时健全内部财务管理制度，杜绝出资人抽逃资金、转移资产等不法行为的发生，从而保障民办学校财产权不受侵害。《民促法》对民办教育产权流转的设计不够精细和具体，退出机制也屡遭诟病。校产的原投入者不能因拥有对其投入资产的所有权而随意从校产中撤回资产，这一规定固然保护了民办学校稳定运行的诉求，但既然允许学历教育举办者要求合理回报，那就不是捐资办学，更不能完全抹杀出资人从中撤回资产的权利，与英美等国非营利性民办学校“资产不得归还捐资者”不同，这也是《物权法》规定的权利人依法享有的直接支配和排他的权利。笔者认为，举办者要完全转让办学出资的，由商业机构评估举办者投入的资产（含累计投入的资产）后，按照市场规律进行产权流转，是可以试点尝试的；至于公益性民办学校或者办学机构的产权流转则要严格得多，也应试点一下，这样有利于民办学校通过兼并或者扩张做大做强。坚守的原则应该是在学校层面上的产权流转要遵循市场规律来运作，涉及举办者投入部分的产权流转也遵此办理，但是不管流转给谁，举办者都不能抽逃学校资金、转移校产，否则都要受到法律严惩。因此，最好是由政府通过市场指导价“回购”民办学校出资人或举办者投入的资产，从而收回民办学校的举办权，并将其委托给真正的非营利性组织（不要求合理回报的纯公益组织），通过合同外包的方式进行公私合作，供给教育服务。大力发展公私合作的民办学校是当今世界范围内民办教育发展的潮流和趋势。

四、民办教育产权改革的前瞻设计：特许经营

目前，政府向民办学校委托购买学位方兴未艾，接受委托的民办学校的教师工资、学校建设费用和学生人均公用经费等应当由政府承担，政府规定其收费标准。为鼓励其办学积极性，政府还应对较好完成委托任务的民办学校给予奖励和补助。但购买学位多被用在政府为进城务工人员子女提供义务教育服务方面，具有临时性和随机性，既缺乏民办教育整体发展的战略规划，更没有涉及民办教育的产权改革。如果要根据公用事业产权改革中公用事业的所有权国有、经营权私有的思路来对《民促法》关于民办教育产权的改革进行前瞻性设计的话，从长远分析来看，特许经营不失为一种选择。通过特许经营的方式把学校或其他学历教育机构的经营权授予非营利性的私人或团体，其必须具有独立法人资格，按照市场规则，独立经营，自负盈亏，同时为了保证公用事业公有产权的性质，私人或团体只能具有经营权。为防止经营者追逐利润、抬高价格、损害教育公共利益，政府应通过有效的中介机构和税务机关等部门来监督管理，对学费变化或者经营者的报酬进行复核，以控制教育服务产品的价格。通过特许经营在区域学校之间塑造竞争机制，能促进教育质量的提升。从长远来看，相较购买学位，特许经营才是我国民办教育走出产权困境的发展趋势。建议民办教育综合改革试验区对此谨慎借鉴和创新，小范围试点后反思推广。

民办学校教师课程实施的问题与对策

当前民办教育的研究主要集中在学校产权和分类资助等管理层面，而对民办学校课程实施的研究则较少。其实民办学校课程实施的质量才是决定其核心竞争力的重要因素，尤其是在公办与民办学校共同发展的格局下，民办学校提升课程实施的质量无疑是在激烈的教育竞争中赢得比较优势地位的重要保证。

一、民办学校课程实施的问题

（一）民办学校整体上对课程实施的资源投入不足

课程实施就是把规定的课程计划付诸实践的过程。这个过程涉及很多方面，如民办学校的硬件建设要达到标准化学校的要求、课程实施要进行专门的研究就需要拨付科研经费、师资队伍要培训提升以更好地适应课程实施的角色要求等。笔者调研发现，民办学校整体上对课程实施的资源投入不足，学校的现实条件与课程实施所倡导的学习方式对教学条件提出的要求很不相配。很多打工子弟学校连办学的基本硬件条件都尚付阙如，还有的民办学校以节约办学成本为借口，不肯为课程实施拨付科研经费，甚至对教师参加政府部门举办的免费培训进修都加以阻挠，认为教师参加培训就耽误了本校的教学工作，更担心教师技能提升后增强求职本领，不愿在本校留任。

（二）教师教学压力过大，教师队伍不稳定

这是造成民办学校课程实施效果低下的一个重要因素。民办学校专任教师工作压力比公办学校专任教师要大得多，这是不争的事实。大多数民办学校实行寄宿制，因此其职工的占比远比公办学校高。根据广州市民办教育研究中心提供的数据，广州市 2011 年公办学校教职工与学生的比例为 1：14.80，民办学校教职工与学生的比例则为1：14.46，显然二者差异不是很大，但是公办学校专任教师占其总体教职工比例为 82.93%，而民办学校专任教师占其总体教职工比例则为 62.98%，前者高出后者近 20 个百分点。因此，在师生比差异不大的情况下，民办学校专任教师所占比例低，那就意味着要取得同样的教育质量，每个民办学校专任教师须付出比公办学校专任教师多得多的汗水，加上面对流动性大且生源质量普遍不高的学生专任，民办学校专任教师不得不加大工作强度，倾注更多额外的心血。如果再加上民办学校对其教师工作压力纾解不当、待遇过低等因素，教师频繁跳槽也就不足为奇了。

（三）学生学习压力过大，难以跟上课程实施进度

一方面，民办学校招收的大多是流动性大且生源质量普遍不高的学生，由于其学习基础差、学习主动性差、动手能力差，在学习过程中，有些学生只习惯于教师的灌输教学和机械记忆，不会独立思考，也不乐于主动参与，多数学生还是要求教师在课堂上多讲，缺少研究性学习的氛围和基础。另一方面，课程设置上存在课程模块过多及部分模块设置难度过高的问题。根据2004年广州市普通高中课程开设指导意见，除艺术、体育与健康、综合实践活动和选修Ⅱ等模块外，文理科共需学习的模块达86个（其中必修模块为41个；语文、数学、外语选修模块为11个；对于理科学生，物理、化学、生物选修模块为15个；对于文科学生，政治、历史、地理选修模块为19个）。尤其是数理化学科，许多模块的教学内容和教学进度是按“学优生”的程度设计的，大约要增加40%～50%的数理化学科课时，才能使半数以上的学生达到新课标的要求。①

（四）校本课程设置缺乏特色

相比公办学校，民办学校的一个优势就在于其体制的灵活性，更适宜在课程建设上进行特色化尝试，但遗憾的是，我国民办学校特色不明显，没有突出课程实施的个性化。国家课程的培养目标是对学生统一的、基本的要求，难以照顾

---

① 李清刚．广州新课改：进展与启示．河南教育，2008（4）．

具体每个学生的个别差异，因此要开发和实施校本课程，使学校提供的学习经验能切合学生的个别差异和发挥其潜能，从而提升学习效果。与国外私立学校过度膨胀地开设选修课不同，我国民办学校开设的具有特色的选修课大为不足。《教育部关于鼓励和引导民间资金进入教育领域促进民办教育健康发展的实施意见》指出，实施高等学历教育和中等职业学历教育的民办学校，按照国家课程标准和有关规定自主设置和调整专业、开设课程、选用教材、制订教学计划和人才培养方案。基础教育阶段的民办学校在完成国家规定课程的前提下，可以自主开展教育教学活动。因此，民办学校在法规层面上具有开发和实施个性化、特色化校本课程自主权的保证，应着力于此，并朝特色化方向迈进。

（五）课程评价单一、狭隘，缺乏全面有效的评估

民办学校课程实施效果评价还是围绕高考指挥棒转，持续加大高考科目的教学投入。问题的关键在于，高考仍没有跳出“应试教育”的樊笼，高考试题大多具有被迫选项的特征，如多项选择、匹配和判断对错等考题，只是训练学生较低的思维水平，而体现更高的思维水平，如比较和对照、分析和综合的能力以及个性、情感、价值观等素质教育强调的目标被不当忽视了，而后者恰恰是新课改所极力倡导的综合素质。如果高考不改变这种“考非所学”的局面，新课改所倡导的素质教育理念就很难被践行。[①]

① 李清刚．广州新课改：进展与启示．河南教育，2008（4）．

二、民办学校课程实施的对策

（一）完善民办学校的法人治理结构，确保教育专家办学

民办学校在整体上对课程实施投入不足的主要原因在于举办者大多是教育外行，不懂教育教学规律却又在实际上把持和运营着民办学校，误以为不给课程实施拨付经费，就是节约办学成本。民办学校的校长对此往往无能为力，很难说服举办者为课程实施提供足够的资金保障而加大投入。为此，完善民办学校的法人治理结构，确保教育专家办学势在必行。政府要监督民办学校完善法人治理结构，推行董事会领导下的校长负责制，校长的聘任要规定有学校管理经验和业绩要求，确保校长对教育教学的领导权力，为民办学校课程实施的资源投入提供业务上的保证。

（二）减轻教师压力，稳定教师队伍

民办学校专任教师比例低、工作重，因此需要提高专任教师在教职工中的比例，这样做会加大办学成本，但民办学校本来就是为了满足选择性的教育需求而存在，只要加大的成本换来的是特色化、高质量的办学水平和创造出“消费者剩余”，就能在竞争中胜出。胜出的民办学校有了不断增加的办学积累，就能开出有竞争力的薪酬吸引教师，稳定教师队伍，同时也能为民办学校课程实施的资源投入提供财力保

证。除了民办学校自强之外，政府应在政策上对处于弱势地位的民办学校进行扶持，帮助其稳定教师队伍，目前可行的做法主要有：一是政府利用民办教育发展专项资金给予符合条件的民办学校教师工资津贴，这个有待公共财政改革的突破；二是政府把民办教育发展专项资金与民办学校教师的年金制挂钩，通过对建立教师年金制的民办学校进行资助的做法，引导民办学校以设立年金的方式为其教师购买补充养老保险，缩小民办学校教师与公办学校教师退休后的待遇差距，从而稳定人心。

（三）减轻学生的学习压力，因地制宜地设置课程模块

一方面，由于民办学校教师很少有在职研修的机会，教育部门组织的公开课、教学技能大赛也无缘参加，久而久之就会失去专业成长的能力和更新知识技能的能力，难以提高教育品质，因而其学生的学习压力就会更重。所以民办学校要尊重并保障教师的专业化发展，为其提供各种正式和非正式的进修机会，以引导教师的反思，助其增进教学的知识、技能，鼓励其开展行动研究，以高效达成教学目标。所谓行动研究就是研究者参与真实事件的运作过程，系统性地思考问题，收集资料，分析问题，提出改革方案，加以实施之后，再仔细评估改革方案的成效。在研究中采取改革行动、在行动中实施研究非常适合教师。近年来，行动研究已经成为教

师专业成长、课程发展和教育革新的重要手段。①

另一方面，参照国外私立学校课程实施的经验。在国外，许多私立中学的学习内容过多，使得学生的课业负担过于沉重。一些学校的学生除了要学习基本课程之外，还要学习较多的高级课程，或者要参加一些特别的考试，美国一些私立中学还要提前在高中修习大学一年级的课程。对此，国外的减负做法是：一是采取特别的激励措施，使学生更乐于学习，愿意承受沉重的学习负担；二是将许多难度较高的学习内容浅显化；三是削减部分学习内容，比如削减只强调背诵或技术性细节而对学生了解课程帮助不大的内容，或者削减太难、太广或存在重复性的内容。学习内容削减之后，学生的学习负担减轻，有更多时间进行研究性学习。② 这些减负经验很值得我国民办学校课程实施加以借鉴。由于我国本轮课程改革强调与生活、科技、社会的联系，并且强调过程、方法、情感、态度等目标，未能对基础知识点进行合理的筛选就加入到课程之中，只采用“加法”，而非“减法”，从而造成知识点总量有增无减、模块过多，因此只有把课程实施的权力下放到学校和教师，才能根据学生特点和需求削减部分学习内容，筛选出必备的知识点，因地制宜地设置课程模块，更好地满足学生的个别差异和学习需求。

---

① 张添洲．学校经营与行政．台北：五南图书出版股份有限公司，2003. 337.

② 丁念金，王中男．国外私立中学的课程问题及其启示．外国中小学教育，2008（8）．

（四）进行特色化校本课程的探索

校本课程开发的目的主要在于学校提供的课程能够适切地回应学生的学习兴趣与需求、学校的办学条件与特色、家长对子女教育的期望以及社区的特性与资源，以提高学校课程的实施质量，提升学生的学习效果。学生的个别差异和需求以及学校的独特资源条件是国家课程难以顾及的，而校本课程正是在国家课程力所不逮的地方大展身手，因为校本课程开发是以学校的办学理念和学生的实际需求为核心的，比国家课程更能反映学习者的需求和学校的特点。英国伊顿公学针对其从全世界选拔出来的“学优生”通常只用半年时间来讲授原定一年的学习内容，剩下的时间就用来讲授考试之外的知识，也就是学科教师开发的校本课程，不仅满足了学生升学考试的需要，同时也把学生培养成为货真价实的“知识人”，为其进入大学和工作奠定基础。[①] 总之，校本课程的开发与设置是建构学校特色的主要着力点，要以学校的办学理念及学生的需求为核心，以学校为中心，以教师为主体，对开发的课程进行规划、设计、实施与评价。比如，北京的部分民办学校为了满足学生出国留学的需要，提供量身定做的新型国际化校本课程，这些具有国际化特色的民办学校正朝着成为中外学生融合、中外教育方式融合、师生都具有国际视野的品牌国际学校方向迈进。

---

① 友友．伊顿公学和精英教育．北京：电子工业出版社，2011. 109.

（五）探索建构合理有效的课程评价体系

当前课程评价方式可简单归为两类：考试（测验）和真实性评估。这两类评价方式各具所长。一般而言，要测量学生掌握的有组织的知识体系程度，考试（测验）更为有效；而要测量学生的实际能力，即完成真实性任务的能力，则真实性评估更为有效。在实际的课程评价中，需要将考试（测验）与真实性评估结合起来运用，使之相互协调、相互补充。在课程评价中进行真实性评估的主要步骤如下：第一，能够辨认出特定学科的重要知识与思考技巧。第二，发展多种不同的方式来评量这些被辨认出来的知识与思考技巧。这一步骤包括观察实际行为的检核表、口头问答、纸笔测验、写作作业、态度量表、协同专案以及调查等。第三，解读上述收集到的信息。有多少学生必须学到的知识与思考技巧已经被纳入教学内容？学生在多大程度上使用叙述性知识、程序性知识、认知策略以及元认知技巧？这时候还不需要给学生评量分数，教师此时可以撰写一段关于学生表现的简要描述，以助学生辨认出自己在学习上存在的问题并对后续学习有所助益。第四，使用这些信息来引导未来的教学。基于对学生表现的解读，即第二步骤中发现的学生任务表现，教师可以提供更多的练习及反馈，或者不再介入，以更好地培养学生的独立性。第五，总结描述学生的学习形态。这能将学生从初始到精通的整体学习发展重现。[①] 最后强调一点就是，

---

① 李清刚．研究性教学初探．教育导刊，2010（1）．

要改变高考“考非所学”的局面，就要开展真实性评估与高考融合的改革实验，使高考对学生的评价更为真实有效，同时真实性评估也能逐步被社会信服。

民办学校教师流动问题探讨

教师队伍的稳定状况是直接影响学校课程实施和改革效果的重要因素。随着教育行业竞争的加剧和城市化进程的加速，教师流动也越来越频繁，而处在教育改革前沿的民办学校对教师流动的感受无疑更为敏感和深刻。因此，研究和探讨民办学校教师流动问题，对于民办学校课程实施和改革有着重要的意义。

一、教师流动的概念和特征

教师流动一般认为是教师资源在不同地域、不同行业、不同学校之间的配置过程。不同地域是指教师在城区和农村之间的流动；不同行业则指教师在教育行业和其他非教育行业之间的流动；不同学校的含义丰富一些，既指教师在公办学校之间的流动或者在民办学校之间的流动，也指在公办与民办学校之间的流动。本研究侧重于教师在民办学校之间的流动和在公办与民办学校之间的流动。

民办学校教师流动的特征主要有：一是流动频繁。一项调查结果表明，在接受调查的上海民办中小学的教师构成中，有34.6%是离退休教师，他们当中存在“合则留，不合则走”的心态；有47.1%是招聘和毕业分配来的教师，他们当中有的抱着“试试，看着办”的心理；有18.2%是兼职教师，他们当中有的随时都有不干的打算。① 二是单向流动。与20世纪80年代初公办学校教师涌向民办学校不同，随着国家对公办教育的重视和投资加大以及教师与公务员薪资待遇相当政策的落实，公办教师的地位和待遇日渐提高。从20世纪90年代至今出现了民办学校教师向公办学校大批量回流的现象。如果说流动频繁只是表现教师寻觅其人力资源最佳配置的过程，双向流动或者多向流动才是市场发挥资源配置手段的正常表现的话，那么大批量单向流动则凸显了民办学校整体弱势的状态，这不能不引起决策者的思考和重视。

二、民办学校教师流动的原因

（一）公办与民办学校教师身份地位的不同

公办学校作为国家事业单位，属于体制内学校，其教师享有国家事业单位的编制；民办学校则属于体制外学校，其教师不享有国家事业单位的编制，因而无法享有与公办学校教师同等的社会保障与福利待遇。

（二）经济原因

毋庸讳言，民办学校教师也是“经济人”。民办学校由

① 胡东芳，蒋纯焦．“民办”咋办？福州：福建教育出版社，2001. 127.

于起步较晚，在硬件及投入上远不及公办学校，同时在激烈的教育竞争中缺乏创新，未能办出特色和品牌，在整体上处于偏弱的态势。民办学校为了节约办学成本，给不出有竞争力的薪酬，因此公办学校教师与民办学校教师之间的收入差距便成为引发民办学校教师回流至公办学校的重要原因。

（三）压力因素

民办学校主要是为满足选择性的教育需求而存在，它对教育市场的需求非常敏感，而教育市场对高质量教育的需求呼声甚高，因此民办学校为了迎合市场需求，必须以教育质量为本，其专任教师就成为提升教育质量的压力的直接承受者。若想取得同样的教育质量，每个民办学校专任教师需要付出比公办学校教师更多的努力，同时他们面对的是流动性大且生源质量普遍不高的学生，因此不得不加大工作强度。

（四）文化因素

有研究者指出，当下中国正在经历着不断加速的城市化进程，这是一次浩大的进城迁徙运动。历史上曾经历过几次浩大的迁徙，比如客家人从中原向东南地区的迁徙、锡伯族从东北向新疆的迁徙、山东人向东北地区的迁徙等。这些迁徙几乎都是向边远、蛮荒的地区流动。这些迁徙和流动起到了文化交融、边地开发或守卫疆土的作用，并在当地构建了新的文明。但当下的城市化进程与上述迁徙非常不同。上述迁徙都保持了自己群体的文化主体性，但当下的进城者却是城市的“他者”，正面临被城市同化的状况。[1] 民办学校教师在某种区域文化熏陶和制约下成长，其思想观念和行为方式已深深印刻了区域文化的特征。当其从本土区域跨入城市区域，就必然遭遇城市文化的挑战，并且其只能扬弃旧观念，接受新模式。如果这种同化过程不顺利或出现适应不良，就会产生流动性和不确定性，这是城市新移民的最大特征。民办学校教师很多是城市新移民，他们频繁跳槽正是这种焦虑和没有安全感的心理的表现。

（五）管理因素

民办学校内部的管理机制不够健全，教师在教学和学校管理上没有自主权和决策机会。民办学校内部的管理都是集权式的“一言堂”，大事小事都是董事长或者出资人说了算。教代会成了民主管理的幌子，教师在民办学校内部管理决策上没有发言权。民办学校对其教师工作的评价缺乏公正合理性，任人唯亲几成常态，教师的自主创造性经常受到压抑。很多民办学校管理者缺乏长远规划，只是满足于“维持会长”的角色，忽视教师长远的专业发展规划和养老保障等福利措施。民办学校教师因为达不到预期的专业发展目标而感到职业失落时，或为后半生保障毫无着落而焦虑时，就会离开民办学校去寻找新的机会和岗位。

① 孟繁华．乡村文明的崩溃与“50后”的终结．人文与社会网，http://wen.org.cn/，2012－06－30.

三、民办学校教师流动的对策与建议

（一）地方政府应切实贯彻落实《民促法》关于公办与民办学校及教职工同等地位的规定

《民促法》第五条规定：“民办学校与公办学校具有同等的法律地位，国家保障民办学校的办学自主权。”第二十七条规定：“民办学校的教师、受教育者与公办学校的教师、受教育者具有同等的法律地位。”关键是地方政府有关部门应落实公办与民办教育同等对待的规定。教育行政部门应做好本行政区域内民办教育的统筹管理与综合协调。发展改革部门要将民办教育的发展纳入国民经济和社会发展规划，加强统筹协调，促进结构分布与优化。公安机关应协助整治非法办学，维护学校安全秩序；做好举办者申办民办学校时校舍消防安全鉴定工作，并实施监督和检查；按有关规定为民办学校教师办理集体户口。交警部门要加强对民办学校接送车辆的检查和检测，整治非法接送车辆。民政部门要做好民办学校的民办非企业单位登记管理工作，加强查处教育类民办非企业单位的违法行为。司法部门要为有关部门规范民办学校办学行为及整顿非法办学提供法律支持与服务。财政部门应做好民办教育发展专项资金的管理监督和绩效评价。人力资源和社会保障部门应做好本行政区域内以实施职业技能为主的职业资格培训、职业技能培训的民办学校的统筹管理和综合协调；及时办理相关行政审批许可、备案事项；组织实施相关办学评估、年度检查，加强服务、管理和监督；会同教育部门指导促进民办学校保障教职工的工资、福利待遇、劳动关系和社会保险，落实民办学校教师办理专业技术资格评定、教师资格认定、科研项目申报、评优评先、继续教育、档案管理等与公办教师享有同等的权利。国土房管部门要积极配合办理民办学校用地手续，并按照公益事业用地及建设的有关规定给予优惠。建设部门要落实民办学校校舍建设享受与公办学校同等的优惠政策。卫生部门要加强民办学校传染病防控措施、生活饮用水的卫生监督检查；督促学校落实各项基本卫生条件。审计部门要监督民办学校专项资金、扶贫资助资金等财政资金的使用。宣传部门要宣传党和国家关于促进和规范民办教育健康发展的方针政策，宣传民办教育为经济社会发展作出的积极贡献，改变传统上轻视“体制外”从业者的偏见，努力营造全社会关心支持民办教育发展的舆论氛围。价格部门要按照国家、省有关民办教育收费的规定，做好民办学校的收费审批和备案工作，对民办学校的收费进行监督。工商部门要加强对民办学校招生广告的管理，对发布违法招生广告的广告主、广告经营者、广告发布者依法查处。食品药品监管部门要做好民办学校食品安全的指导和监管。税务部门要贯彻落实好国家对民办学校的税收减免和优惠政策。供电、水务部门要落实民办学校用电、用水等公共服务价格与公办学校执行同一标准的政策。

（二）民办学校要敢于创新，办出特色，走品牌之路

面对激烈的竞争，民办学校只有办出特色和品牌，才能

发展壮大。培育核心竞争力，在竞争中占据主动地位，积累丰厚的办学结余，增强对优质教师的吸引力，防止人才流失，这才是根本之策。例如，北京民办中小学闯出了一条国际项目办学的特色之路，较好地满足了教育的选择性需求。北京民办中小学的国际化特色主要分为两大类：一类是接受外籍人员子女的国际学校，对国外小留学生敞开大门。这些外国孩子的家长认为，中国是他们的贸易目标国，孩子现在在中国学习，是在结识日后的合作伙伴。另一类是开设国际课程的民办学校，为准备出国的学生提供量身定做的新型国际化课程，如美国 IB 课程。这些具有国际化特色的民办学校正朝着成为中外学生融合、中外教育方式融合、师生都具有国际视野的品牌国际学校的方向迈进。

（三）民办学校要切实提高专任教师在教职工中的比例，开展教育科研，进行有效教学探索，减轻教师压力

提高专任教师在教职工中的比例虽然会加大办学成本，但会创造出“消费者剩余”，并满足追求特色化、高质量办学水平的需求。要通过扎实的科研而不是加大教师的工作量这种低效高耗的方式来提高教育教学质量。我国民办学校在早期热衷于学习国外的精英教育，比如伊顿公学之类，但很快就遭到挫折，因为伊顿公学招收的是从全世界几千个报考者中精挑细选出来的“学优生”，然后提供最适合他们发展的个性教育，而我国民办学校的生源质量普遍不高，让学生

掌握知识跟上教学进度已经较难，遑论个性发展与特长培育？因此，抓好合格的教育质量仍是现阶段我国民办学校的重中之重。此外，提高教师教学水平同样重要，调查发现很多民办学校认为派教师参加培训耽误教学（由于民办学校专任教师所占比例过低），往往以工作繁忙为借口而不予出派，也有的民办学校担心教师素质提高了，他们更难留任。举办者或者管理者缺乏开放心态和长远规划的眼光，使得教师想进修提高的热情屡屡受挫，久而久之便断绝了与教育教学改革最新成果的接触，故步自封。为此，民办学校应端正“以师为本”的态度，教师是民办学校打造特色的“卖点”之一，其正当权利要得到尊重，其合理需求亦要得到满足，在品牌管理中一定要坚持“以师为本”的思想，在实践中要凸显教师是学校的主人，而不是打工者，如此才能增强教师的自豪感、荣誉感、使命感和归属感。在品牌培育的进程中，他们才会尽职尽责地致力于与学生、家长的沟通和教育水平的提高。①

（四）民办学校应做好新聘教师的文化顺应教育，以降低其跳槽频率

新聘的外来教师普遍对新区域的学校环境、教学特点、教学方式、学生需求感到陌生，也往往会凭借自己业已形成的传统方式付诸实践，其结果可能不仅使教学质量降低，还

① 黄崴，李清刚．民办学校品牌内涵及培育策略．民办教育研究，2004（4）．

令自身的自信心下降。因此，民办学校要特别注重对外来教师在区域文化、校园文化、价值取向、语言风俗、行为习惯等方面的解说和教化，使他们逐渐取得对地区文化的认同和顺应。民办学校可请相关专家对教师进行适应性培训与辅导，帮助他们解决工作和生活中的适应不良问题，以降低其跳槽频率。[①]

（五）完善民办学校的法人治理结构，鼓励建立教师年金制度、公办学校教师定期到民办学校轮换执教制度

应完善民办学校的法人治理结构，推行董事会领导下的校长负责制，建立保障教职工有效参与学校治理的相关制度，加强教职工工会建设，由工会确定参加董事会的代表人选并参与学校的决策，改变民办教师在学校决策中的弱势地位。

应鼓励民办学校建立教师年金制度，为教师购买补充养老保险，改善其退休后的待遇，缩小民办学校教师与公办学校教师退休后的待遇差距，以稳定人心。例如，上海的民办学校教师年金制度就值得称道，即把民办教育专项扶持资金与教师年金挂钩。民办学校建立并实施年金制度，是申请民办教育专项扶持资金的条件之一。民办学校制订教师年金方案报送人力资源和社会保障局及教育行政部门备案，获得人力资源和社会保障局批复后，民办学校就要向托管银行（账户）注资，之后凭人力资源和社会保障局备案的批文、缴费

① 钱朴．教师流动中的社会学问题探讨．上海教育科研，2006（11）．

明细表和资助资金申请表向教育局申请扶持资金，教育局审核后把资助资金划拨到指定的学校账户，教育局利用年金管理机构检查学校的执行情况。

2006 年新修订的《义务教育法》第三十二条、第三十三条规定："县级人民政府教育行政部门应当均衡配置本行政区域内学校师资力量，组织校长、教师的培训和流动，加强对薄弱学校的建设。"很显然，对义务教育阶段实力较为薄弱的民办学校进行师资帮扶是法律规定的政府责任。对此，政府应建立公办学校教师定期到民办学校轮换执教制度，即教师在公办学校任教几年后，教育主管部门就安排其轮换流动到实力较为薄弱的民办学校任教几年，在此期间保留教师在原公办学校的人事关系，提供一定的经济补偿，并将优先评聘晋级作为条件。该制度的实施可以在逐步实现公办与民办学校师资力量均衡的基础上，稳定民办学校教师队伍，整体提高民办学校教师的质量和水平，提升民办学校的办学质量。

“弃学”的成因与对策分析

“弃学”现象在民办中小学不同程度地存在，不仅影响了“普九”的巩固率，还削弱了课程实施的质量。如果不能及时找出学习中出现“弃学”现象的根源，并采取有效的应对措施，那么随着“弃学”时间的日益增加，基础缺失会更加严重，再延续学习的困难度也将呈几何级数增加，最直接的后果就是降低甚至永久性降低学生可持续学习的能力，带来不可逆转的伤害。为此，笔者主要从数学科目的角度对这一问题的成因进行深入的探索和分析，以求给出缓解或解决这一问题的对策。

一、“弃学”的定义

所谓“弃学”，《辞海》没有给出具体定义，但我们可对这两个字分别进行解释：“弃”就是“舍弃、抛开”[①]；“学”的意思是“学习、模仿、学问、学科、学校”。[②] 显而易见，

① 夏征农．辞海（缩印本）．上海：上海辞书出版社，2000. 429.
② 夏征农．辞海（缩印本）．上海：上海辞书出版社，2000. 1359.

二者合在一起，“弃学”通常的意思就是“舍弃学习、舍弃学科、舍弃学校”。如果我们根据教育心理学的理论把学习狭义地定义为“个体（学生）在特定情境下（学校内）由于联系或反复经验而产生的行为或行为潜能的比较持久的变化”① 的话，那么上述理解刚好呈现三层递进关系的“弃学”现象，即舍弃学科、舍弃学习、舍弃学校。本研究着重探讨的是“弃学”的“舍弃学科”和“舍弃学习”的内涵，这也是目前大多数一线教师探讨较多的话题。

二、“弃学”的成因

（一）从心理学的角度看，学生“弃学”主要存在诸多情绪障碍

学生“弃学”的情绪障碍主要有：学生在学校的人际交往处理不当、和教师同学相处不融洽，学生在学校曾遭受挫折、委屈或者让自己蒙羞的不愉快经历，学生经常遭受过于猛烈或苛刻的指责和批评，在以成绩论英雄的氛围中学习压力过大，还有学生因为转学、升学而很难适应新环境等。②

（二）从教育学的角度看，处在学段交接的关键点时学生容易适应不良

从一个学段到另一个学段，不仅仅是知识难度的逐渐增

① 陈琦，刘儒德．当代教育心理学．北京：北京师范大学出版社，2007. 110.

② 王文赫．帮助孩子击退上学恐惧症．现代保健，2006（9）．

加，更可能是一次思维的飞跃。升上高年级，学生要经历一次从具体形象思维过渡到抽象逻辑思维的过程，一些学生在学段交接的关键点因思维发展程度不足造成听不懂、学不进而难以适应。此外，学生在整个小学阶段都不可避免地遇到面临新任教师的问题，每次师生之间的相互磨合对一些学生来说也很困难。

（三）从教育实践的角度看，学生课业负担过重

虽然目前民办学校口头上坚持实施素质教育，但实际上都把升学率视为学校好坏的重要指标，学校隐性地把学生成绩的优劣作为教师评先评优和奖金发放的重要指标，千方百计地提高升学率依然是学校的办学宗旨，因此提高学生成绩成了教师们的主要任务。要提高升学率、完成教学任务，加重学生的学习任务就成了唯一的途径，进而使学生们每天都有做不完的作业，不仅要在学校学，回家也要学，节假日也被大量的作业、习题所占用。过重的课业负担使学生对学习的兴趣越来越淡，最终成为学生“弃学”的重要影响因素。

（四）从学生自身发展水平的角度看，“弃学生”往往表现出累积性的习得性不良

以数学科目的学习为例。几何部分从简单的点、线、角基础概念，发展到平面图形甚至是立体图形如圆柱体、圆锥等的学习，代数部分从简单的整数加减乘除到整数、分数、小数等的混合运算、简便运算，再到后面的数形结合思想，

对学生的思维有了更高的要求，而“弃学生”由于累积性的基础薄弱而无从下手，无法顺利完成思维对接，无奈“弃学”。

（五）从教师的角度看，教学方式不当催生“弃学”现象

对于学生“弃学”，教师应当反思自身的教学方式。比如反思和学生的交往是否融洽，态度是否简单粗暴，更重要的是反思自己的因材施教有没有取得实效。当然，由于大班教学以及课堂进度都有时间限制，要根据中等生的进度安排授课内容和节奏，教师只能把课堂教学对象定位于大多数学生，在新内容的详细程度、选择习题的难度上有意无意地忽视了一些“弃学生”。如在教授圆柱体的表面积一课时，大多数学生之前已经掌握对圆面积和长方形面积的计算，“弃学生”则对此知识还处于空白状态，衔接不上，而教师在课堂上难以有充足时间进行个别辅导，于是此类学生有了“弃学”的念头。

（六）从家长教育方式的角度看，不当的教育方式往往是“弃学”的助推器

一些“弃学生”的身上往往折射出家庭问题。巨大的社会变迁造成价值观与生活方式的分裂，单亲家庭日益增多。在一些破碎的家庭中，家长教育孩子的方式不当，在“怨妇”心理扭曲的作用下一味靠打骂教育孩子，或者家长存在

严重的性格缺陷，如过分忧虑、犹豫、缺乏自信、情绪悲观等，这些都容易造成孩子的情绪波动，导致孩子在学校或学习中出现问题，无法正确对待，而以逃避的方式来解决问题，久而久之形成对学习和学科的冷漠。

（七）从社会思潮的角度看，读书无用论的蔓延加剧了“弃学”现象

从社会思潮的角度看，经济发展疲软的时候，往往就是读书无用论甚嚣尘上的时候。因为经济不景气，毕业即失业的现象增多，学校在应对市场的人才需求方面准备不足，使得一些家长和学生愈发短见，没有把接受教育当作提高思维能力和学习技术技能知识的重要手段。学生心中淡化了教育的功能，因此无心向学。

（八）从科技发展的角度看，学生网络成瘾，致使学业沦落

科技发展是一把双刃剑。互联网的高速发展给人们的生活带来了极大的便捷，也为学生的成长与发展提供了广阔的空间。但是与此同时，网络上也夹杂着黄色、暴力等不良信息，给自我保护意识相对薄弱、缺乏分析能力的学生带来了负面影响，以致其荒废学业，引发网络病症，甚至因网上交友不慎而走向犯罪。

以上从不同视角剖析了民办学校学生“弃学”的成因。诚然，这些因素很少是单独起作用的，而是相互纠葛、盘根

错节地叠加到学生身上，造成或者放大了“弃学”现象。

三、因应“弃学”的对策

“弃学”现象是一个涉及心理、教育、科技、社会等领域的复杂现象，因此其因应的对策也将会是综合和多元的。所谓“对策”，《辞海》的定义是“对付的策略或办法”①，针对上述“弃学”成因，应采取的策略或办法如下：

（一）加强心理辅导，注重学生的情绪反馈

针对“弃学”的心理成因，民办学校可以通过个别或者团体辅导、专题讲座等形式，普及心理健康知识，帮助学生树立学习信心、改善情绪、提高自尊自信、提高抗挫能力、优化人格和人际交往，并专题传授他们学习方法，“授人以鱼不如授人以渔”，指导他们制订学习计划，养成良好的学习习惯，激发学习兴趣，增强成就感，从而燃起终生不息的求知火焰。

（二）注重学段衔接的顺滑，帮助学生调节适应不良

无论程度多严重的“弃学生”，知识上总不会是空白的。学校要帮助“弃学生”找到自己是从哪一个学段甚至是哪一个知识系统开始“弃学”，并以之为学习起点，指引他们回到正常的学习轨道，恢复继续学习的能力。《义务教育法》

① 夏征农．辞海（缩印本）．上海：上海辞书出版社，2000. 600.

规定不允许学生留级，那就进行分层教学的改革探索，为“弃学生”找到适宜的学习进度和方法。数学的学科特点决定了学习数学特别需要知识的连贯性，因此，抓住新旧知识的连接点，从学生的生活经验和已有知识背景出发组织“弃学生”的教学，就能使“弃学生”在原有知识的基础上，通过自己的探索，理解掌握新知识，并逐步回到正常的学习轨道，减弱“弃学”现象。

（三）全面深化素质教育，切实减轻学生课业负担

实施素质教育是党中央、国务院作出的重大教育决策，是教育事业发展的首要使命。学校对此要有切实的紧迫感和责任感，彻底抛弃那种以低效高强度重复训练为特征的题海战术，切实减轻学生的课业负担，从根本上减少“弃学”行为的发生。学校要自觉地学习《义务教育法》等法令法规，提高对实施素质教育重要意义的认识，把推进和深化素质教育提上重要议程，全面规划、整体推进、努力突破重点和关键环节，同时各级政府要加强教育督导和惩戒，对“挂羊头卖狗肉”的学校给予严惩，彻底改变“素质教育喊得轰轰烈烈，应试教育抓得扎扎实实”的局面。

（四）针对学生自身学识积累不良，帮助其重建知识结构

很多“弃学生”由于累积性的基础薄弱而无法以同化或顺应的方式重建新的知识结构，因此针对性地因材施教就是重要的选择。教师要加强对“弃学生”的学习进行个别辅

导，根据布卢姆的“过度学习”原则进行适切性的“补课”，加强双基训练，促进学生思维方式向高阶跃迁。此外，教师还要有耐心宽容“弃学生”的“反复无常”，“扶上马还要再送一程”，直到“弃学生”补足短板，奠定厚实的知识基础、掌握正确的学习方法和养成良好的学习习惯。

（五）改革教育方式，坚持正面教育

应从“弃学生”的实际出发，制定适当的学习目标，让其“跳一跳能摘到桃子”。设置适当的目标，能够激发人的动机，调动人的积极性。美国耶鲁大学曾进行过一次跨度为20年的关于制定目标的跟踪调查。结果发现，那些有目标并且用白纸黑字写下来的学生，无论是事业发展还是生活水平，都远远超过了没有这样做的学生。他们创造的价值超过余下的96%的学生的总和。[①] 因此，根据每个“弃学生”的学习现状，制定与之相适应的学习目标，以让他们经过一定努力就可以实现为标准，开始的目标要尽量与他们的能力平衡，甚至尽量低一些，让他们较易达成，以后视其能力发展水平增加难度，此举能有效减少“弃学”现象。

教师还要灵活设置符合“弃学生”实际的评价标准。罗森塔尔实验告诉我们，教师对学生的态度直接影响后者的学习动力。教师的赏识和肯定对学生来说影响力是惊人的，尤其是小学生，应当及时给予相应的评价，让学生了解自己的学习情况，并获得满足感，以此为动力继续学习。应根据

① 陈友放．送给学生干部6个“秘笈”．交通职业教育，2005（1）．

“弃学生”不同的性格特点、参差不齐的学习现状，制定与之相配套甚至比一般学生降低几个级数的评价标准。例如，可给学生每次数学书面作业两个评价：一个是知识完成程度的等级评价，用“A+”、“A-”等表示；一个是完成作业的态度评价，用一个大大的“好”字表明。前者能分出全体学生学习的优劣，而后者能使全体学生处在大致接近的水平线上，在很大程度上让“弃学生”感受到了平等，对“弃学生”有正面的促进作用。

（六）通过家长学校，实施对家长的教育引导

应开展对家长的教育引导，启发其对孩子的正确教育方式。比如，有些家长性格较强势，家庭生活条件较好，孩子自出生之后就是一帆风顺的，即使遇到困难，家长也会在第一时间出现，这导致孩子对家庭过分依赖、耐挫能力差，当孩子在学校出现问题时，就会本能地逃回家，久而久之便对学校生活感到厌倦和恐惧。还有一些单亲家长的教养方式不当，助长了孩子的“弃学”行为。因此，要通过家长学校教育家长实施科学的教养方式，借助社区的力量教育单亲家长抛弃简单粗暴的做法，抚慰孩子的敏感心灵，发现孩子的优点并肯定他、鼓励他，通过补偿教育帮助他树立自信心，针对孩子的弱项进行适切性训练，鼓励孩子勇敢面对问题和解决问题，民主平等地教育孩子学会学习、学会关心他人。

（七）加强舆论引导，帮助“弃学生”走出读书无用论的阴影

相当多“弃学生”，尤其是农村地区的“弃学生”受到了读书无用论思潮的不良影响，因此要加强媒体的舆论宣传和引导力度，宣扬提高受教育程度就是提高人力资源的存量。近年来，随着高校扩招，大学生人数激增，很大一部分毕业生就业困难，一些家庭甚至出现“读书致贫”、“读书返贫”的现象，不少学生和家长因此认为上大学“不合算”。对此，政府要广开就业门路，媒体应坚持正面舆论引导，让知识改变命运的梦想成为每个中国人最坚定的信仰，让整个社会的学习氛围蔚然成风，“弃学”的外部影响就会降到最低。

（八）引导“弃学生”文明上网，丰富校园生活

网络是一个百科全书式的世界，为“弃学生”提供了求知的新渠道，拓展了他们受教育的空间。但“弃学生”身心发展不成熟、网络信息良莠并存的情况决定了要引导他们文明健康上网，培养他们独立判断、正确选择、自我保护的能力。应教育他们不要沉溺于虚拟时空，要把握好上网与学习的尺度，遵守有关的网络道德和法律，做网络的主人。同时，学校应增加教育资源投入，多组织课外活动、实习、社会实践活动等，增强“弃学生”的学习积极性，锻炼其各方面的能力，使丰富多彩的校园文化丰富“弃学生”的精神世界，让其在真实的世界里感受生活的欢乐。

综上所述，“弃学”的成因是错综复杂的，探索出来的

对策也是多元交织的，在“弃学”成因和对策之间不存在简单的线性关系。对于具体的“弃学生”，不存在单一的最佳对策，而是要综合运用，坚持巩固，常治不懈。

下编

学科组研究成果

课堂导入在小组互助合作学习中的作用

清代学者李渔说过：“开卷之初，当以奇句夺目，使之一见而惊，不敢弃去。”[①] 文章创作必须讲究开篇的艺术，语文课堂教学其实也一样。特级教师于漪曾说：“课的第一锤要敲在学生的心灵上，激发起他们思维的火花，或像磁石一样把学生牢牢地吸引住。”[②] 一个好的课堂导入，能起到先声夺人、激发兴趣的作用，使学生涣散游离的心在短时间内集中到课堂教学内容上来。导入如同桥梁，联系着新旧内容；如同序幕，预示着课堂的高潮和结局；如同路标，指明着思维的方向。

一、课堂导入的概念

导入也叫“引入”，课堂导入是课堂教学前 10 分钟内教师和学生所有教学活动的总称，是指教师以教学内容为目标，用巧妙的方式引发学生对学习的渴望，引导学生进入学习状

① （清）李渔．闲情偶寄．民辉译．长沙：岳麓书社，2000. 140.
② 李艳梅．巧妙导入新课　发挥学生主体性．北京教育（普教），2012（4）．

态的方式。

二、在小组互助合作模式中强调课堂导入的原因

对课堂导入的研究大有人在，无论是国外的爱伦、C. 特耐，还是国内的王宝大、彭新有，就连诸多一线的教师，都对课堂导入颇为重视，并著书立说强调课堂导入的重要性。此时，之所以要将课堂导入这一问题重新唤起，是因为在当今新课改的洪流中，众人的目光都投注到了“小组讨论”的课堂环节中。但是，“小组讨论”并不是一蹴而就的，它需要教师在讨论前进行及时有效的导入铺垫，否则很容易出现这样的状况：教师一声令下，学生们“唰”地站起来，以小组为单位大声地讨论起来，热闹的课堂看似气氛不错，但如果走到学生中间仔细观察，就会发现能认真讨论的学生很少，大多数学生都在说与问题无关的内容，更甚的还会聊到打游戏机、哪个球队赢了等话题。这么一来，小组互助讨论就形同虚设，更会浪费课堂学习时间，降低课堂有效性。

为什么本来有益于学生自主学习的小组互助讨论会变成流于形式的鸡肋？这其中的重要原因之一就在于没有做好课堂导入工作，其表现有三：

（1）当小组讨论、展示成为整个课堂的主体后，其他环节的时间就会相应缩短。若课堂导入太仓促，学生还没来得及进入状态，尚未弄懂文本内容，就让他们去探讨中心思想、艺术特色，这显然是拔苗助长，毫无作用。

（2）每个学生的学习能力存在差异。有的学生能在预习时对文本有大致的理解，只要教师稍微点拨，就能豁然开朗，所以在小组讨论的时候他们能够独立发表自己的见解。而有的学生自身无法独立理解文本内容，再加上在课堂导入阶段未能有所收获，头脑依然一片空白，最后也就无法在小组讨论中有所发挥。

（3）教师会对讨论出来的结果进行评价打分，不符合标准答案的就要被扣分，这对学生来说显然是一种打击。有部分学生本来就对该内容没有兴趣，只是应付而为，现在既然自己怎么思考都没办法达到满分，那倒不如去找参考书。他们认为参考书上写的肯定就是标准答案，于是索性放弃主动探索的机会，从参考书上找到答案就算了。

三、课堂导入在小组互助合作模式中的价值与运用

“工欲善其事，必先利其器。”在以学生为主体的观念被无上推崇之时，教师必须清醒地认识到自身的存在价值。教师作为引导者，首先要做的是因材施教。学生自己能解决的问题，教师绝不包办。但对于悟性相对较弱的学生而言，教师如不能正确加以引导，交付“一根引绳”到他们手中，激发其学习探索的兴趣，增添其破除万难的信心与勇气，就算有再多的改革，也无法挽救这些早已“身心疲惫”的孩子。因此，以引导、激趣为核心的课堂导入就成为新课改特别是小组互助合作机制中不可忽视的重要环节。

根据生成性学习理论，如果训练学生对他们阅读的东西产生一个类比或表象，他们的理解就会增强。这些表象可以包括图形、图像、表格和图解等。最重要的一点是，生成性学习方法之所以需要运用到小组互助合作模式当中，是因为这种生成性学习是一种强调积极整合新信息于已有图式理论的学习方法。学生在形成图式或唤醒已有图式之前，面对新知识会有一种无所适从的迷茫感，不知道如何去整合、安置，所以教师需要在课堂导入阶段通过引入与本课相关或类似的内容，使学生在大脑中形成初步的框架，这个框架可以包括思路模式、情感模式等。在建立相关模式之后，学生再通过自学或小组讨论等方式，将新知识与自身头脑中的已有模式相结合，从而快速地内化为自身素养。因此，从生成性学习理论来说，教师需要把握住课堂的前10分钟，给予学生学习本课所需要的感觉与思路，这种感觉和思路要比普通教学模式更强烈、更有效。

正确的小组互助合作模式课堂导入需达到以下效果：

（一）通过感官刺激迅速集中学生的思维

高中学生课业繁重，下课后有的学生忙着讨论、消化上节课的内容，有的则彻底放松，投入到课间活动中。总之，学生的注意力还未集中在新学的内容上。因此，在上课开始时，教师要通过一定的手段和方法，给学生一些得当的、合适的、较强的信息刺激，去控制学生那些与教学无关的心理活动，尽快把学生的积极性与兴奋点转移到学习任务之中，并使之在课堂中保持下去，否则很容易出现上文提及的在小组讨论时随意聊天的情况。例如，笔者在讲授徐志摩的《再别康桥》时，特意选择了电视剧《人间四月天》中黄磊的独白，在平静却潜藏着深情的话音中，学生们一改平常朗诵时的淡漠麻木，都不自觉地把声调降低、节奏放缓，静下心来欣赏所呈现的画面，感受这首诗所表现的主旨。这样的导入，就很好地给学生奠定了情感基础，激发他们深入赏析文本的兴趣。又如，在讲授《短歌行》时，笔者首先播放了一段旧版《三国演义》电视剧当中曹操横槊赋诗的歌舞视频片断，随着“对酒当歌，人生几何……”的响起，豪情万丈的歌声一下子激起了学生强烈的兴趣，原来东张西望、窃窃私语的学生都将注意力转移到了屏幕上，隆隆战鼓声把学生带进了金戈铁马的古战场，视频中人物的动作神态让学生对诗歌内容有了初步理解。这一段视频导入不但吸引了学生的注意力，让学生把心“收”了回来，而且也为课文的学习作了一个很好的铺垫。

（二）激发学生的学习兴趣

语文教学活动是一个双向活动，教师的引导和学生的学习是密不可分的。究竟学生对什么话题感兴趣，是设计课堂导入的关键问题。

在学习必修一第四单元古典诗歌时，笔者将《静女》、《氓》、《迢迢牵牛星》、《孔雀东南飞》四篇与爱情相关的诗歌合并为“古代爱情进行曲”系列。通过高中生十分好奇的爱情婚姻问题，激起学生的阅读兴趣，同时使整个单元各篇目之间的联系更紧密。在讲授《孔雀东南飞》时，笔者采取了这样的导入方式："我们说《静女》是以一根草定情，《氓》是从热恋到结婚再到被抛弃的爱情悲剧，但到了《迢迢牵牛星》就不只是两个人的问题了，织女跟牛郎的悲剧是丈母娘所引起的，而我们今天要学的《孔雀东南飞》也是同婆媳关系有关。婆媳大战不仅发生在今天，也发生在遥远的北朝。究竟刘兰芝和焦母之间有什么不可相容的矛盾？刘兰芝和焦仲卿之间又是一个怎样的悲剧呢？请各位细看长篇爱情叙事诗《孔雀东南飞》!"良好的开端是成功的一半。学生们在小组讨论的环节中就像一个个侦探一样从原文各细节中细细地分析人物性格特征，还激烈地争论矛盾激发的成因。这样一节课下来，整体感知故事内容的目标就顺利达成了，并引起了学生想进一步弄清文言知识内容以更好地寻找线索依据的欲望，为下节课的开展作了积极的准备。因此，教师精心的导入若能激起学生的学习兴趣和求知欲望，使其对本课的内容充满期待，就能对整个课堂教学起到事半功倍的效果。

（三）承上启下，铺设思路架构

人类的所有行为都是有目的性的。正如课堂上一样，有许多教师在导入新课时，都会直接或间接地预先让学生明确本节课的学习目的，从而激发学生的内在心理和学习动机，使其有意识地进行自我控制和调节，以便形成良好的学习态度。当学生的积极性被调动起来、思维处于活跃状态时，教师就要适时讲明本节课学习的目的和意义，进一步激发学生学习的动机，使其能够继续保持学习的兴趣和注意力，并自觉地控制自己的学习活动。当然，并不是直接把学习目标展示出来就可以了。真正有效的导入，还包括在进入讨论环节之前，通过师生间的互动来了解学生对文本的理解情况，从思路和内容上为学生的讨论做好铺垫，确保大多数学生能在小组讨论中有底气、有依据地表达自己的观点。

特别是在外界信息量急剧增加的今天，学生从各种途径收集到的信息量是无限大的，但是在以片断信息为主体的媒介熏陶中，学生的思维也呈现了片断性的倾向。这也是导致学生分析表达能力下降的重要原因，对于学生在小组讨论后进行完整的系统性展示有很大的不利。因此，教师需要在课堂导入时依据前后知识内容，给予学生系统性的思路架构，让学生顺着思路的铺设延展开去，获得有价值的成果。

高中语文必修、选修教材在编排内容时，就很注意单元与单元、课与课之间的内在联系。如果教师在设计新课的导入语时能兼顾前后单元、课与课之间的内在联系，能联系旧知识、挈领新知识，能承上启下地导入新课，就会大大提高学生的学习效率，使新旧知识更好地融会贯通。例如，笔者在《窗》和《门》两篇课文之间的过渡是这样导入的："钱钟书认为'门许我们追求，表示欲望，窗子许我们占领，表示享受'，似乎窗更具有人性魅力，但是在莫利的笔下，门却有那么点莫测，每一次开门、每一次关门都隐藏着神秘的意蕴。这种意蕴究竟是什么？作者是如何表现出来的？"钱钟书的《窗》和莫利的《门》都是议论性散文，在两篇文章中，窗、门这两种事物相互穿插，但侧重点有所不同。由于学生刚好完成对《窗》的学习，因此笔者在进一步导入

《门》的时候，选择从《窗》中对门的理解出发，引入《门》的动作意蕴。这样通过一层层的问题导入就使学生在了解课文内容时能够调动之前所学内容的图式，组织理解新学的内容，对前后内容的过渡和学习也就顺理成章，学生讨论起来也有所依据，展示起来思路也更加清晰。

四、结语

恰当的课堂导入能够对教学活动起到良好的效果，而不恰当的课堂导入对学生的学习不仅是无用的，还会让学生对学习语文失去兴趣。例如，有些教师不注意学生的特点、教材的特点以及教学时间的要求，出现了滥导、误导、不导等现象，要么导入时间过长，要么导入时间过短，要么导入的内容与将要学习的课文关系不大，甚至脱离了主题。有的教师甚至把导入这一环节干脆省略掉了，一上课就直接让学生打开课本学习。由于缺少必要的“过渡”就让学生开始讨论，学生的思维一时不能集中到课堂上，这样不仅激发不了学生学习语文的兴趣，还极大地影响了学生学习的积极性，使其体验不到文本所传达的情感与价值观，语文学习也达不到很好的效果。

课堂导入既是一节课的“起点”，也是一节课能否成功的关键。作为高中语文教师，在设计课堂导入时，要重视课堂导入的艺术性，有针对性地结合学生的实际情况，依据不同的教学内容和教学对象设计不同的导入方法，要与教学材料相结合，因材施教，精心设计一个有趣、新颖、生动的课堂导入，使学生为学习新内容做好充分的心理准备，从而更好地实现教学目的。

无论是根据小组互助合作实践的时间限制，还是结合语文学科的目标和特点及生成性学习理论，或是教学实践，都可以很清楚地看到，课堂导入在整个课堂教学和语文学习过程中处于举足轻重的地位。在大力实施小组互助合作教学改革的过程中，课堂导入这一阶段是语文教学必不可少的一个环节，也是教师们放心大胆运用此高效课堂教学模式的前提与基础。

设计以学习者为中心的互助合作式导学案

合作学习早在18世纪初就被提及，兴起于20世纪70年代的美国，20世纪80年代苏联推出的“合作教育学”理论被西方广泛重视和研究。我国在20世纪90年代初便开始介绍西方合作学习理论①，并陆续在一些省市的个别学校进行了一系列尝试性探索。较为著名的有北京师范大学教育系的“少年儿童主体性发展实验”、山东教科所的“合作教学研究与实验”、杭州大学教育系的“个性化教育的探索”、湖南师范大学教育系的“协同教学实验”等。

所谓合作互助学习，是指在教学中通过两个或两个以上的个体组成合作学习小组一起学习，以提高学习成效的一种教学形式。合作互助学习又称共同学习（Learning Together），其理论有良好的社会心理学基础。这种理论的核心很明了：当所有人聚在一起为一个共同目标而工作的时候，靠的是相互团结的力量。相互依靠为个人提供了动力，使他们互勉、互助、互爱。心理学理论表明，良好的人际关系能促进学生在认知、情感和行为三种不同层次上的学习心理状态的改善。

---

① 王坦. 论合作学习的理论基础. 教育评论，1994（4）.

小组互助合作学习为学生创设了一个能在课堂上积极交往的机会，对于学生形成良好的人际关系以及在交往中养成良好的合作意识、培养合作能力等方面都有极大作用。从激发学生的主体性而言，学生是学习的主体，这就要求在较短的课堂时间内给予学生较为充裕的活动时间，包括相互交流、相互启发、探索创新的时间。而这种以学习者为中心的互助合作式学习模式经过实践，确实较好地解决了这一矛盾，使学生能在和谐的气氛中共同探索、相互学习，逐步培养他们的探索精神和创新意识，如山东昌乐二中小组互助合作课堂的成功尝试就证明了这点。

为了寻求高效的课堂教学和培养学生的能力，我校从很早就开始初步进行了小组互助合作模式的借鉴、探讨和实践。其教学无非是由四个板块组成：引起动机（调动学生的学习兴趣)、展开教学内容、采用合适的教学策略以及收获教学效果。而我们的导学案体现的是学生“学什么”和“怎么学”，它直接体现了教学的四个板块，所以，一个新的模式要在基础稍微差一些的学生身上收获效果，必然要在导学案上下功夫，尤其是在“摸着石头过河”的实验初期阶段，导学案就成了有效课堂的重中之重。

导学案的重点在于如何充分调动学生的学习主动性，更大限度地激发学生的学习自主性，引导学生获取知识、习得能力，体验到学习的乐趣。它是教师用来帮助学生掌握教学内容、沟通学与教的桥梁，也是培养学生自主学习和建构知识能力的一种重要媒介。

（1）导学案可以使课堂中形式化的自主学习转变成实实

在在的自主学习。自主预习案中预设了学生学什么、怎么学，这样学生在自主学习时就有事可做，知道该怎样去做、怎么去学。这一明确规定实现了在同一个时间段里人人有事做，落实了充分自主。例如，在自主学习《审丑》中的人物形象时，可以引导学生从语言、动作、心理、神态等方面入手，让学生知道该怎么去解决这个问题，做到了从形式化的自主学习转变成实实在在的自主学习，避免了独立思考及合作交流阶段形式化的缺点，做到了真正的主动学习、发现学习。

（2）导学案能体现高度合作。学生通过预习，亲身经历了独立思考这一过程，有了自己的想法与独立思考的结果，对没有弄明白的问题产生了强烈的求知欲望，在此基础上进行交流，学生会自觉发言、质疑、倾听，且发言、质疑的质量很高，高度合作由此得到充分体现。

（3）导学案能提高竞相展示的效果。学生有了前面的亲身经历，有了高效的合作交流，做到了胸有成竹，在展示时可谓百花齐放。在展示时，更多的学生走向了讲台，增添了学习信心，导学案由此促进了高效课堂的达成。

在自主学习、合作交流、充分展示这几个环节中，学生对所学知识进行了巩固再巩固，印象也更加深刻。当然，导学案在实施初期有一些地方不好把握，如容量过大，时间的有效把握，习题设计的难易程度、梯度、完成度、掌握度、融会贯通性，课与课之间的衔接等。但是，导学案直接告诉学生学什么，指导学生怎样去学，利用导学案发挥的作用，无疑会成为培养学生的学习信心、学习能力和学习习惯的有效手段。所以，在导学案的设计上，我们应根据语文学科的特点，更多地关注学生的学习热情、学习水平和能力，尤其要重视学生的差异性，使导学案兼顾学生的个体差异性，只有这样，才能借助导学案推动小组互助合作学习课堂更好、更深入地开展。

问题探究、知识整理、阅读思考、基础练习四个方面是在设置导学案时必须考虑的问题。而要使导学案步步为营、层层出彩，使学生有问题可探究，并为之交流与合作，达到高度合作，竞相展示，促成高效课堂，就不能不“因课制宜”，处理好诸如接受学习与发现学习、预设与生成的关系等，方能设置出科学、合理、高效的导学案。

一、要注意接受学习和发现学习的关系

语文学习是一种语言学习，它有芜杂、无序、周期长的缺点，因此设置导学案时就必须目标明确、针对性强、内容精当，为提高课堂效率应以接受学习为主；而我们在把语文的缺点加以净化、简化、系统化的同时也让语文失去了鲜活的言语情境，所以我们又要给缺少了情境的语文教学设置情境，需要以发现学习来调动学生学习的积极性。另外，学生要进入情境阅读一篇课文，走进语言符号所代表的生活场景去感悟思想感情，需要发现学习；学生创新意识和创新能力的培养，也需要他们自身更多地去经历、去发现。但学生的人生阅历不深、知识积累有限，很多时候都需要教师讲解，需要接受学习……这些都说明在我们的教学中，这两种学习方式缺一不可，设计导学案时更是不能忽视。

接受学习是学生通过教师呈现的材料，在理解的基础上，把教师呈现的材料，如一个词语的概念、一首诗、一个句子，加以整合内化，形成自己的知识，以便在将来的某个时期可以运用它或把它再现出来的一种学习方式。对于学生来说，这是间接的经验。这种方式的优点在于使学生在相对短的时间内掌握大量系统的科学文化知识，培养从书本中获得知识的习惯和能力，所以接受学习是学校教育的基本形式。[①] 在重视自主、交流与合作的新的教学模式里，语文教师仍要“讲”，如提供背景知识、点拨语言规律、交流心得等。比如，在重视文言文学习的粤教版教材中，对文言文的学习采用接受学习的效率会比发现学习高，因为文言文涉及大量实词和虚词、语言句式的学习；语言基础和作文素材的积累、作文基本技巧的掌握等也都可以通过接受学习的方式得以实现，以提高时效。

我们现在的小组互助合作模式倡导自主、合作、探究的学习方式，是为了激活学生的积极性和创造性，让学生成为知识的发现者和研究者。但在现实教学中有些教师却因受到思维定式的影响，过分强调接受学习，过多烦琐提问，频繁进行字词句训练，造成学生死记硬背、疲于应付，因此相对于接受学习，语文教学的当务之急还是需要发现学习走进课堂。

发现学习是学生通过自己再发现知识形成的过程，以获取知识并发展探究性思维的一种学习方式。学习内容对于学

① 崔允漷．有效教学．上海：华东师范大学出版社，2012. 95.

生来说是直接经验。教师的任务不是向学生传授现成的知识，而是为学生发现知识创造条件和提供帮助。它有三个层次：对所接受的知识结论持有质疑态度的质疑性学习；通过提出问题、分析问题、解决问题而获得知识的探究性学习；高层次的研究性学习。在教学的过程中，主要运用前面两种发现学习。[①] 它能够促进智力的提高，激发学习兴趣，有利于掌握发现方法和探究方式，保持记忆，这些是我们在设计导学案时可以充分利用的优点。让学生走进课堂，主动去发现问题、解决问题，学生的体验就会更深刻，对知识的积累把握也更深刻。在实际的教学中，对于必修中的小说、散文和选修中的诗歌鉴赏，发现学习的方法可以得到比较好的发挥和应用，在学习文言文时使用这种方法也可以比教师直接传授给学生的效率高。当然，我们也不能忽视发现学习的发现过程效率低、适用范围有限的缺点，而且如果没有具备一定条件，发现学习就会变成一种盲目的、碰运气的形式主义行为。

在小组互助合作模式的“交流与合作”中如何正确地运用接受学习和发现学习的优点，平衡它们之间的关系，设计出既有知识含量又不失趣味性的导学案，考验着每一位一线教师。首先，要正确理解接受学习和发现学习的含义。不顾此失彼，不扬此抑彼走极端。发现学习要有明确的知识、能力和思维等方面的目的，考虑教材和大纲的要求，精心设计教学活动。课堂活而不乱，学生动脑动心，不落于形式。当然也不是所有的教学内容都需要讨论，虽然强调课堂教学要

---

① 崔允漷．有效教学．上海：华东师范大学出版社，2012. 97 ~ 98.

给学生提供充分的探究机会，但也不能否定知识传授的作用，前人积累的知识如果都靠学生主动去探究是不现实的，接受学习运用得好，也是主动有效的。其次，应让两者互相结合，取长补短，科学运用发现学习，使课堂动起来，也让学生的头脑动起来。

“无乃尔是过与?”的翻译及用法微型导学案

学习目标：

(1) 特殊句式“无乃……与”。

(2) 宾语前置。

(3)“是”的用法。

学习重点：特殊句式“无乃……与”和宾语前置

学习难点：宾语前置句式的掌握

教学过程：

一、翻译“无乃尔是过与?”

1. 以下翻译“无乃尔是过与?”正确的一项是（　　）（发现学习）

A. 为什么你要犯错呢?

B. 难道你没有错吗?

C.（这）恐怕应该责备你吧?

D. 没有什么你可以责备的吗?

答案：C

2. 解释下列词语（发现学习）

(1) 无乃……与：__________

(2) 尔：__________

（3）是：________________

（4）过：________________

答案：

（1）恐怕……吧？

（2）你

（3）宾语前置标志，不译

（4）责备

二、宾语前置和“是”的用法

1. 句式语法格式和相应代表符号的示意图，请识记（接受学习）

（定语）主语［状语］谓语<补语>（定语）宾语

2. 句子对应的翻译，请完成句子成分的划分（发现学习）

无乃 尔 是 过 与？

（1）句子翻译：____________________________

（2）翻译后划分句子成分：____________________

（3）把划分的句子成分对应到原句中：__________

（4）对照语法格式示意图，倒装的成分是：________，属于________句式。

（5）“是”的翻译和用法：____________________

答案：

（1）（这）恐怕应该责备你吧？

（2）（这）恐怕应该　责备　你　吧？

（主）状语　　谓语　宾语

(3) 无乃　尔　是　过与？

状语　宾语　不译　谓语

(4) 宾语（宾语本应在谓语后，本句中宾语却前置到了谓语前）；宾语前置。

(5)“是”是宾语前置的标志，不译。

三、巩固练习（接受学习和发现学习相结合）

翻译下面句子，并划分句子成分，判断句式以及“是”的用法。

1. 唯利是图

翻译：__________，句式：__________，“是”的翻译和用法：______________________________

2. 唯才是举

翻译：__________，句式：__________，“是”的翻译和用法：______________________________

答案：（他或他们）只是贪图利益/只是推举人才；都是宾语前置，“图”的宾语“利”前置，“举”的宾语“才”前置；“是”均不译，是宾语前置的标志。

二、要注意预设与生成的关系

预设是教师对课堂教学的规划、设计、假设、安排，师生按照设计和安排有计划、有步骤地展开教学，最后学生获得预设性的发展，教师按预先设计的方案完成了教学。生成指的是师生教学活动离开或超越了原有的思路和教案，学生获得了非预期的发展。二者之间是互补关系，没有预设的课堂是不负责任的课堂，而没有生成的课堂则是不精彩的课堂。

我们平常所说的备教材、备学生、备课堂、备效果，把教学内容呈现给学生并使其更好地掌握，这指的就是预设，“凡事预则立，不预则废”即指它的重要性。生成是课堂在科学预设的基础上收获的“不期而至的美”，尽管是意料之外却水到渠成。在我们的教学活动中，其实有些时候我们都做到了预设和生成，却没有很好地去思考这两者之间的关系，没有重视它们与教学的联系。我们在实际教学中存在许多“机械刻板”之类的缺点，有些课堂“放羊”式地脱离预设内容的延伸更是造成了“自由生成”和“开无轨电车”的现象，究其原因就是在课前缺乏精心准备和科学预设。一堂课上得好不好，与导学案是否预设得好有着不可分割，甚至是决定性的关系。

那么，在设置导学案的过程中我们该怎么做？

（一）课前精心预设

大到学情分析（学生认知程度）、教材使用、目标确定、教学重难点、教学材料准备、教学流程等，小到课前导入、课堂提问、环节过渡、结课照应、媒体运用、教学节奏、板书设计等，都应充分考虑。当然，一节课的教学设计不可能面面俱到，在描述大体的轮廓后，还需要留下空间给各种不确定因素，让课堂充满悬念。

在这个过程中，教师要努力创造民主和谐的课堂氛围。

教师课前精心设计一些小故事、动听的乐曲、幽默风趣的过渡语言等，都可以让学生在课堂上实实在在地感受到民主、宽松、融洽、自由、愉悦的氛围，让学生自然而然地主动进入学习过程，自主思考、探索，敞开心扉，无所顾忌地发表自己的见解，还可以缩小学生与教材以及课堂各方面的心理距离。如《山中与裴秀才迪书》的情境导入，以视频的形式为学生展示暖和、生机勃勃的春天和冷寂、白雪皑皑的冬天，让学生如身临其境般进入课堂学习，还以单口相声的形式，把作者邀请裴迪来辋川游玩的心思用幽默的语言呈现出来。

教学活动要科学、灵活，符合实际，符合学生目前的认知特点，体现学科个性及学科特征。课型设计、教学流程应合理，操作性强，以激发学生主动参与。媒体运用应灵活多样，使学生的探究技能和思维能力得到有效发展。对未知的可能性也要预想到，做到周密详尽、针对性强、有方向感，才能在课堂的意外中收获惊喜。

（二）课中有效生成

在教学中，一个细节成就一个精彩的环节，忽略细节，就可能影响一个精彩的课堂。精彩的课堂一定是学生与教师、学生与学生、学生与文本经对话、碰撞、共鸣激起的火花，而不是漫无边际地挤占学生的有效学习时间，或者课堂表面热闹，实质苍白。华东师范大学教师叶澜说：“课堂应是向未知方向挺进的旅行，随时都有可能发现意外的通道和美丽的图景，而不是一切都必须遵循固定线路而没有激情的行程。”也就是说，学生除了能在预设的导学案里学到知识外，还能得到其他一些意外的收获。比如学习《荷塘月色》时，学生会因为美的夜色而消减烦闷的心情，也会因为离开了美的夜色而新添烦闷，体味了“一切景语皆情语”和衬托在文中的作用；学生还能感受作者处在此情此景中的心境，体味作者的情感，这便是在精心预设下精彩的生成。

有效的生成需要开放性的提问，对教材的理解和创造性思维，以及预留空白的教学流程。在课堂教学中应尽量向学生提问，引发想象，适当给予挫折，让学习过程有挑战性，同时也需要给予适宜的赞赏，适时鼓励，让学生在思考和发现中用心灵感悟课堂，并能够用语言把所感受到的情感表达出来。

一堂精彩的课，少不了预设，也少不了生成。这对教师提出了更高的要求，教师应注重专业知识的储备与教学智慧的修炼提升，合理利用预设和生成的关系，坚持教学目标，着眼于有效的预设、精彩的生成。

三、应借鉴有效的教学策略，开展自主合作学习

在设置导学案上下足了功夫，为了更好地服务课堂，就需要必要的教学策略把导学案落实到具体课堂，这也是教师自主接受学习。这里主要介绍两种教学策略：

（一）支架式教学

（1）搭脚手架。围绕当前学习主题，利用概念框架作为

学习过程中的脚手架，不停顿地把学生的智力从一个水平提升到另一个更高的水平。

（2）进入情境。将学生引入一定的问题情境（概念框架中的某个节点）。

（3）独立探索。让学生独立探索。

（4）协作学习。进行小组协商、讨论。

（5）效果评价。对学习效果的评价包括学生个人的自我评价和学习小组对个人的学习评价，评价内容包括：①自主学习能力；②对小组协作学习所作的贡献；③是否完成对所学知识的意义建构。

（二）抛锚式教学[①]

（1）创设情境。使学生能在和现实情况基本一致或相类似的情境中学习。

（2）确定问题。在上述情境中，选择与当前学习主题密切相关的真实性事件或问题作为学习的中心内容（如让学生面临一个需要立即去解决的现实问题）。选出的事件或问题就是“锚”，这一环节的作用就是“抛锚”。

（3）自主学习。不是由教师直接告诉学生应当如何去解决面临的问题，而是由教师向学生提供解决该问题的有关线索，并要特别注意发展学生的自主学习能力。

（4）协作学习。讨论、交流，通过不同观点的交锋，补充、修正、加深每个学生对当前问题的理解。

---

① 崔允漷．有效教学．上海：华东师范大学出版社，2012. 57.

（5）效果评价。由于抛锚式教学要求学生解决面临的现实问题，学习过程就是解决问题的过程，即该过程可以直接反映出学生的学习效果。因此，对这种教学效果的评价往往不需要进行独立于教学过程的专门测验，只需在学习过程中随时观察并记录学生的表现即可。

学生可通过同样的情景联想，更好地理解抽象的只可意会不可言传的情景，对文章的深层挖掘也更到位。当然，没有十全十美的导学案，但只要我们把握好“学生”这个中心，因材施教，就能充分发挥以学习者为中心的互助合作式学习的效果。

《山中与裴秀才迪书》教学策略

在进一步分析深化作者所说的趣味时，如果只从文章切入会显得生硬，我们可以通过搭支架或抛锚，让学生更好地理解：

教师：如果说明媚秀丽的春景让人陶醉，有乐趣，我们还好理解，那似乎这种清幽的冬景带给人的只有苦了？作者本来是想投身山林，寻求解脱，可是结果呢，好像只有“举杯消愁愁更愁”的味道呢！我们应怎么理解他的乐趣呢？（**搭支架**）考虑一下（PPT展示冬景和春景的文字）。

学生：美在清幽。

教师：大家还记得朱自清吗？他写的《荷塘月色》中有曲曲折折的小煤屑路，他为什么挑这条路呢？（**抛锚**）

……

教师：因为这条路虽然清冷却安静，唯有这样清静幽远的环境才能令作者找回一份属于自己的心情。清幽与他那超尘脱俗的心境相吻合，如果环境热闹，气氛就被破坏了，就显得俗不可耐，追求清高淡泊的志趣的作者，怎么可能流连忘返呢？对吧。同时还应该注意一点，这个清幽所显示的并非死一般的寂静和冰一样的寒冷，我们从冬景中能够找出它的和畅之处，课文开始不是说了吗？景气和畅。冬景尽管清幽，可是我们还能找出它的和畅之处。

教师：和畅是什么意思？我请同学来看看在冬景这幅画里哪些地方最能体现和畅。**（搭支架）**

……

教师：温和，气爽。注意一个“温”字，我们也可以广义地理解为一种带有生气、活力的暖意。

学生：深山远火。

教师：明灭的远火，尽管说它无温暖之景，但因为它的点缀给这幅画面带来了一点亮色、一丝暖意，所以我们说冬景并不是冰冷的。还有吗？

学生：深巷里有生命的存在，内心感到不至于过分寂寞和凄凉。

教师：对的，寒犬吠声如豹，尽管很恐怖，但是也带来一种生命的活力、生活的气息，古人说“柴门闻犬吠，风雪夜归人”，就是说明有人家。还有没有？

学生：村墟夜舂，有生活气息。

教师：村民的夜舂声，还有远处寺院里稀疏的钟声幽幽地传来，更使得画面散发着一种安逸、宁静、悠远的气氛。

教师：为什么钟声是稀疏的，而不是洪亮的、紧张的？（搭支架）

……

教师：因为主要是要体现安静祥和的氛围。从上面来看，若不清幽，则不利于安宁，过分的冷和静又会陡生悲凉，达不到借景求解脱的目的。在这段文字中，冬景清幽又不失和畅，在清幽的自然景色中，还传递着生活的气息，裴迪和作者一样过着一种半官半隐的生活，同时他又吃斋念佛，跟作者的生活相似（PPT 展示“不失和畅”）。

以上通过搭支架或抛锚，很快就解决了对于“冬景里的和畅、钟声的稀疏”的理解问题。

小组互助合作环节在语文课堂上的落实

传统班级授课，往往是教师当主角“满堂灌”，少数“学优生”当配角，绝大多数同学当沉默的观众，这导致很多学生在课堂上得不到训练，不能真正地掌握知识，甚至都没有动过脑筋。针对这些弊端，小组互助合作学习的教学改革应运而生。小组互助合作学习把课堂还给学生，让学生当主角，教师真正地担当起一个引导者的角色。这样，课堂上学生发挥的空间就增大了，从讨论到展示再到质疑，学生参与度高，课堂也显得更活跃。但是，如果小组互助合作学习只是流于形式的话，不但不能起到好的效果，反而会使课堂成为只是走过场、没有灵魂的空壳，所以得落实好自主预习（完成导学案）、堂上合作（讨论、展示、质疑）、教师点评等每一个环节，让每一个环节都有效运作起来，这样才能使课堂教学真正有效、高效。

一、让导学案成为指路明灯

导学案是学生预习的指路明灯，是教师上课的主要思路，更是教师落实教学重点难点的重要材料。也就是说，导学案相当于楼房的地基，如果地基打不好，楼房是无法搭建起来的，所以在设计导学案的时候就要做好充分的考虑，备学生、备教材、备重点难点。好的导学案能成就好的课堂，能让学生有所收获。

就语文而言，导学案应该包括五个部分：

（1）学习目标。作为给学生的导向，让学生清楚地知道学习这篇课文的要求和目的。

（2）知识链接。包括作者简介、写作背景介绍和一些重要的概念。如《荷塘月色》里面学生第一次接触到通感这个手法，可以在知识链接里给出通感的定义；如《孔雀东南飞》里面学生第一次接触到偏义复词，可以在知识链接里给出偏义复词的概念。这样学生就可以通过这些概念，在预习时留意文章哪些地方出现这些新的知识点。

（3）预习自测。包括语言基础的夯实，如字音、词义理解，还有整体感知。整体感知可以设计一些分段，概括段意、中心思想，找文眼、线索之类的题目，让学生掌握文章的脉络和大意。

（4）合作探究。即落实重点难点的一些题目。这些题目的设计应注意“量”和“度”、内容和形式。“量”是指要注意题量，若是一个课时要完成的话，探究题应控制在四题以内；“度”是指应该注意题目难度的梯度，由浅入深，还要有适当的外延。内容是指题目的内容要能落实教学目标，落实重点难点，要能训练到学生的能力；形式是指题型可以多元化一些，可以有填空题、选择题、图表题、问答题等，多样化的题型可以提高学生做题的兴趣以及训练学生应对多种题型的能力。

（5）当堂检测。包括两方面：一是基础知识，如字音、词义理解；二是重点难点，可以设计问答题。当堂检测应做到"当堂"测、闭卷测以及全批全改。

这样一个系统的导学案，符合学生的学情，能为学生指引方向，能为课堂打好基础。

二、让预习打好坚实基础

小组互助合作学习的主要环节包括：自主预习、堂上合作讨论、堂上展示、堂上质疑、堂上教师点评。由此可见，自主预习是堂上合作环节的一个重要前提，如果自主预习不到位的话，课堂的合作就无法顺利进行。就本校来说，小组互助合作学习模式在高一已经进行将近一个学期了，各科的导学案满天飞，学生的学习任务非常重，加上学习习惯不好，很多学生其实根本没有看书预习，而是拿起导学案就乱填一通，或者抄别人的答案，或者敷衍了事，每题填几个字就当做完了。这就导致学生在讨论的时候，根本没有意见发表，因为他们当中很多人连课文都没看过，连题目都没有思考过，甚至连答案都是胡乱写的。不难发现，如果自主预习环节没有做好的话，接下来的讨论、展示等环节都是架空的，所以一定要抓好自主预习这一环，让自主预习更为有效。对此，可从以下三方面改进：

（1）增加自主学习课，让学生有充分的时间完成导学案。可以在每天下午增加一节 2 小时的自主学习课，让学生用于完成各科导学案。一般一份导学案需时 20 分钟，2 个小时可以完成 6 科的导学案。自主学习课要安排教师值班，监督学生独立完成导学案，并当场把导学案收上来检查。

（2）教师抽改题目，让学生更加重视自主预习、完成导学案这一环节。由于时间关系，很多教师无法一一去批改学生的导学案，一般只是检查学生有没有完成，这也是学生不重视导学案质量的一个重要原因。因此建议教师们在每次检查导学案的时候抽改一道题目，然后以该题的得分作为评价学生导学案的重要依据，这样就会引起学生对预习的重视。

（3）针对学科特点，从答题要求上规范学生的预习行为。语文导学案的特点是大多数答案都可以从文章中找到，所以可要求学生在预习时每回答一道题目都要写出该答案出现在课本的第几页第几段第几行，这样能较好地避免学生不看书或乱写答案的情况。对于问答题，可以明确字数要求，如不少于 30 字、不少于 40 字，以免学生敷衍了事，只写几个字就当做完了。如果学生没有按要求来做，就视为没完成作业，可以要求学生补做，并且在小组中扣分。

三、让讨论有声有色、形神兼备

小组讨论是小组互助合作学习的重要环节。这一环的有效进行可以锻炼学生的合作能力，实现“兵教兵”的目的。但目前，小组讨论一环仍存在很多不足，如小组中总有人不开口、总有人趁机聊天、有些小组显得很沉默、有些小组显得异常热闹等，总体而言，给人的感觉是“有声”而“无色”、“有形”而“无神”。针对这一现象，必须加强对小组长的培训以及采用小组奖励机制来约束讨论的纪律：

（1）加强对小组长的培训。课堂上的讨论无法有秩序、有效地开展，往往是因为小组长没能起到带头作用和组织作用，所以教师一定要对小组长进行培训，并严格要求小组长组织好讨论，具体体现在：①每次讨论开始时，小组长应分配任务给每一个组员，让每一个组员都有任务、都有话要说，如让学生甲答第一题、学生乙答第二题、学生丙答第三题……每位学生回答完自己负责的题目之后，大家有不同意见就提出来一起讨论，没有不同意见就可以进入下一题。②小组长要管好小组的纪律，如严格要求组员讨论时要站立、发表意见时要声音响亮、不能聊与导学案无关的话题、不能随意过位等。

（2）采用小组奖励机制来约束讨论的纪律。教师可以对讨论时学生的违纪现象进行扣分，甚至是一票否决。例如，若发现该组有“离题”现象，讨论学习问题变成了聊天的话，就取消该组当周评为优秀组的资格。

四、让展示更有示范作用

展示环节是对小组互助合作学习成果的当堂检阅，也是教师掌握学生学习情况的一个重要依据。如果展示环节进行得好，既可以有效地反映学生出现的问题，又可以锻炼学生的表达能力。

就本校来说，回顾这个学期以来学生的展示环节，口头展示的学生一般存在回答问题声音不够响亮、字音不准确、思路混乱等问题；黑板展示一般存在字体不工整、字体太小、错别字多、回答不完整等问题。展示没能起到示范作用，往往是因为教师对展示没有提出明确的要求。因此，教师必须给予学生一些“成文”的要求，并贯彻落实：

（1）在得分上明确要求。口头展示，答案占 8 分，表达占 2 分（如声音是否响亮、字音是否准确）；黑板展示，答案占 8 分，书面占 2 分（包括字体是否工整和书写是否正确）。

（2）要求学生进行脱稿展示。如果不进行脱稿展示的话，学生在讨论的时候就没有压力、没有动力，就会造成他们不认真讨论、滥竽充数，甚至出现叫到谁谁就拿其他同学的导学案来看的情形，这样的展示是没有效果的。脱稿展示可以形成一种无形的压力和动力，促使学生认真对待每一个环节，从预习做导学案到讨论都不敢松懈，也有助于学生更扎实地掌握知识。

（3）让每位学生都有展示的机会。目前，教师在课堂上习惯于叫学生 C1C2 展示，其实学生 C1C2 并非每一科都是 C，学生 A1A2 也并非每一科都是 A，而且如果总是叫学生 C1C2 展示，就会导致其他学生没有紧张感，从而放松对自己的要求。因此，课堂展示应该给学生相对均等的机会，一周下来应该让每位学生至少都有一次展示的机会。这样所有学生都会处于时刻准备着的状态，每位学生都能得到训练。久而久之，每位学生的展示就会更加规范，答案也会更加准确。

五、让质疑激发思想碰撞的火花

学生展示完答案之后，教师不应急着说出正确答案，而应留给学生思考的空间，让学生去思考该答案是否存在不足，鼓励学生进行思考和质疑。关于质疑这个环节，可以有两种操作方法：一种是任务式，如第一组点评质疑第二组，第二组点评质疑第三组，第三组点评质疑第四组，以此类推。对于点评到位、质疑合理、能给出正确答案的小组，可以进行加分。另一种是开放式，也就是所有学生一起进行查漏补缺，若能找出展示答案的不足，自己又能说出理由和正确答案的话，可以给予加分奖励。

质疑环节能启发学生的思维，活跃课堂气氛，锻炼学生的能力，也是检查学生对知识掌握程度的好方法。教学时间虽然比较有限，但是不应该牺牲质疑的环节，教师要在课时设计时留出课堂质疑的时间，哪怕是三五分钟。

六、让点评起到画龙点睛的作用

教师点评是小组互助合作学习的最后一环。这一环既是教师教学能力的重要体现，也是教师点拨学生、促进学生思想“飞跃”的重要一环。如何使点评起到画龙点睛的作用，这是教师努力的重要方向。

可是，自从实行小组互助合作学习模式以来，教师普遍存在这样的误区：课堂由讲课变成了对答案，教师也成了对答案的机器。其实，有效的点评不能只停留于告诉学生答案是什么，这是没有说服力的，这样学生也不能从根本上理解知识。因此，教师在点评答案的时候，一定要有理有据，告诉学生错在哪里，为什么错，正确答案又是怎么来的，为什么答案要那样，这样教师才可以起到“传道授业解惑”的作用。如在讲《沁园春·长沙》时，有这样一道题目：请分析“万山红遍”的“遍”字的表达效果。有学生写出答案“‘遍’字写出了红得广”，有的教师回应一句“正确”就算了。但其实很多学生根本不理解为什么“遍”字写出了“红得广”，而学生如果不理解的话，以后遇到类似题目是无法举一反三的。所以教师在点评答案时，应给出“为什么”，而不能只给出“是什么”。对于这道题目，教师可以这样引导：“这种题目属于炼字型的题目，回答这种题目时要注意以下三个步骤：第一，该字在句中是什么意思；第二，该字是在修饰什么对象；第三，该字写出了修饰对象的什么特点。”经过这三步的思考，对“遍”字表达效果的理解就水到渠成了：第一，“遍”字在句中是“遍布”的意思；第二，“遍”字是在修饰山的红；第三，“遍”字体现出山到处都是红彤彤的，写出了山红得广。这样学生就明白了“遍”字的表达效果，并且以后遇到类似的题目都能掌握答题的思路和方法。

小组互助合作学习的课堂要避免出现“烂尾”的情况，教师就应注意点评的技巧，有引导式和分析式，有理有据的点评才是有效的。

七、小结

小组互助合作学习模式包括自主预习（完成导学案）、堂上合作（讨论、展示、质疑）、教师点评几个重要环节，环环相扣、相辅相成，如果哪一个环节没有做好，都将导致失败。所以要让小组互助合作学习模式真正成为高效课堂模式，一定要让每一个环节都落到实处：让导学案成为指路明灯，让预习打好坚实基础，让讨论有声有色、形神兼备，让展示更有示范作用，让质疑激发思想碰撞的火花，让点评起到画龙点睛的作用。只有这样，才能实现小组互助合作学习教学合作共赢的美好愿望。

对话式导学案的设计及施行

一、"对话"的提出：对话式导学案的设计预想

小组互助合作学习模式是我校在2012年才全面推行的教学模式。2013届高三级则在2011年8月就开始了某些学科的试行，每个班都分有6~7组，每个小组有A、B、C三个等级。经过3个月的反复演练，学生们对这样的教学模式已较为熟悉。然而，笔者所任教的两个文科普通班，虽然对这样的教学模式耳熟能详，但是由于之前的语文教学并没有进行过模式的根本性转变，所以学生对语文的学习都只习惯于接受和被动地思考。如何施行小组互助合作学习，如何让学生主动地学、让教师能放手，就成为笔者思考的一个重要方向。

过去，笔者秉承着洋思中学先学后教、当堂训练的宗旨，习惯于把更多的时间留给学生当堂做练习。经过一整个学期严密的训练，也取得了一定的成效。这些练习围绕教学目标，变重复单一为灵活多样，变封闭为开放，不再局限于机械操练。但就算如此，仍然避免不了"满堂灌"的讲评和只能带

动部分学生的弊病，导致教学总是陷入瓶颈状态，对“学优生”的培养也茫然无措。笔者本身提倡不要多讲，与其让学生主动地听，不如让学生被动地练，在练习的过程中让学生明白答题思路，明确答题的方向。在接触小组互助合作学习模式后，笔者逐渐变练为导学，变讲为讨论，把教师的点评变成学生的点评，仅仅在课堂结束之时进行知识的简单梳理和重难点的点拨。也就是说，每节课教师能发挥的时间不超过 10 分钟。

教师应把所讲的知识变成导学案引导学生去学，重在“导”。这就好像教师与学生对话，学生读教师的导学案就能明白教师跟他讲的知识。通过关键词和思路的填写，就等于学生在教师的带动之下逐步明白思路，明白答题的步骤和要义。要让学生做完导学案就能明白题目是如何做出来的，思路是怎样的，在填写的过程中分析自己不会填写的位置，这就是重难点了，最后把这些问题全部交给学生去讨论，思路就会完整地呈现出来。笔者的学生基础都不好，如果只求夯实基础，或者只追求语感的积累，那么高三沉重的备考复习任务是不可能完成的，所以笔者把导学案的设计思路定位在用能力带动基础的夯实上。教师可借导学案与学生对话，当学生看懂了教师的导学案，就看懂了教师要教他的知识。

二、对话式导学案的设计及施行

（一）对话式导学案设计的由来

刚开始接触导学案的时候，笔者是按照自己的思路去设计的，没有全面考虑学生的需求，更没有考虑到完成导学案的主体是学生。让学生看明白笔者的意图并愿意做导学案才是设计的关键，所以笔者一开始不可避免地犯了点小错误。如在设计文言文翻译导学案时，笔者选择了一篇课外文言文来教学生翻译。笔者最初的思路是，借助这篇课外文言文，把翻译的几大步骤贯穿其中。首先把这篇文章读了几遍，然后把能印证翻译方法的句子全部挑选出来，简单介绍翻译方法之后，就要求学生按照相应的方法翻译相应的句子；然后再读另外一篇课外文段，对个别句子进行翻译，最后列出自己选择的翻译方法。当时笔者很理想化地认为，做完导学案，再通过讨论，就能集合众人的智慧，翻译就水到渠成了。

但在正式上课之前，笔者很认真地批改了导学案，发现并不成功，很多学生包括平时比较自觉的学生都不懂翻译。笔者询问了几个学生，普遍得出的结论是不会做，看着前面的方法很明白，但是不知道如何套用。于是笔者重新审读了那篇文言文，发现文章虽然只有 720 个字，与高考的难度要求一致，但是若没有经过课前尤其是导学案前的阅读，直接就带着方法去做翻译，确实叫人无从下手。更何况学生是完全跳离文章本身去做题，离开了原材料的依据又如何能做好一道翻译题呢？要让学生对文字较多的材料也能驾驭并熟悉，唯一的方法就是课堂前测，也就是在做导学案之前先以小测的形式完成与文章相关的题目，然后再完成导学案。这样一来，无论文字多少，学生经过小测，再根据小测时自己做题的感觉去完成导学案，把握才会更大。于是，笔者把导学案重发，把原定讲导学案的课变成文言文小测，当天批改并发成绩，然后重新让学生做导学案。完成导学案的这节课，学生们畅所欲言，把自己懂的、不懂的都大胆地说出来，虽然他们的翻译做不到百分百准确，但是至少他们懂得了步骤。

一开始笔者只是简单地把知识直接印在导学案上，想当然地认为学生会根据知识去答题，或者看完知识就能理解了。产生这样的误区其实是因为笔者在设计时遗漏了一个很重要的步骤，即如何由浅入深地引导学生掌握，这才应该是导学案设计的根本。再加上文章的篇幅过长，就必须进行前测，让学生在预先见过这篇文章的基础上再完成导学案，这样他们才有可能完成题目。

“必考文阅读策略之一：关注所议论的核心概念及理清作者的行文思路”导学案设计（节选）

参考文章：《中国艺术现代了吗?》

1. 分析本文议论的核心概念

（1）列出本文的高频词（注：在文章中出现频率最高的词）。

（2）指出以上词语哪个是本文的核心概念词。

（3）考查对核心概念的理解，要求将“选项信息与文本信息”进行比照，或代入原文，进行辨识。一般有如下错误：①表述错漏；②以偏概全；③因果颠倒；④偷换概念。

（4）请对照以下选项及原文引证，将错误原因填写进表格相应位置。

①请找出以下选项内容与原文的差异。

选项内容	原文引证
A. 张扬个性情感而摒弃自然的模仿，凸显作品的内在结构而简化烦琐形式，这是东西方现代艺术共显的特征	强化个性与简化形象是现代艺术的共显特征，而且是东西方现代艺术的普适特征。强化个性的核心是表现自己的核心概念异同 个性情感，摒弃自然的模仿；简化形式的重点是凸显作品的内在结构，删除烦琐的细节
核心概念异同（请说明同在哪里、异是什么）：	

以上导学案节选，是关于论述文阅读的。有鉴于文言文翻译导学案的失败，在论述文阅读导学案里，笔者首先设计了一个课堂前测，选用《2012 年广州市专题训练》中《中国艺术现代了吗?》一文，然后根据阅读策略的第一个办法设计思路。无论用什么策略阅读论述文，都离不开课堂前测和两个关键的阅读手段，即寻找高频词和进行原文与选择题选项的对照筛选。所以在每个阅读策略导学案中，笔者都坚持进行课堂前测和这两个步骤，第一和第二课时的导学案笔者把原文都找出来给学生印证，而从第三课时的导学案开始就由学生自己从原文里找到印证的关键句。以下节选的导学案就体现了笔者的设计思路：

“筛选并整合文中的信息”导学案（节选）

请写出下列第1题选项与原文的异同：

选项	原文引证
A. 儿童对事物的来源特别感兴趣，喜欢一些刨根问底的“傻问”，对此，海德格尔认为，这才是真正哲学的追问	儿童喜欢刨根问底式“傻问”，他们特别对事物包括自己的来源感兴趣。……海德格尔就认为，只有始源性的追问，才是真正哲学的追问
对比选项与原文：	

“分析文章结构，把握文章思路”导学案（节选）

通过对文章结构的大致理解，请写出下列第1题选项与原文的异同：

选项	原文引证
A. 西洋绘画追求科学写实，我国古代绘画则强调具象写意：既不离物象，又不拘泥于物象；既不写实，也不纯粹表现心灵感受	
对比选项与原文：	

经过5篇文章的前测和导学案的完成，再加上3篇高考阅读文章的巩固，学生的头脑里已经可以总结出阅读论述文的一些策略，如高频词是筛选答案的关键、原文和选项必须互相印证与对照、问答题里的关键词一定要在文章中找出来、答案一般就在原文的附近等。而这样的知识，以前笔者必须反复强调，记住的也只是小部分学生。如今借助了导学案，解放了自己，学生同样能把握知识，掌握的覆盖面也更广了。

（二）整体设计思路的逐步形成

经过文言文导学案的触礁，又经过论述文阅读导学案设计的洗礼，笔者对导学案的设计思路逐渐上了轨道。真正的能手会的东西往往比他们自己认识到的更多，正确地练习就能熟能生巧。教师要相信学生自主学习的能力，更要相信正确导学案的引导能够培养学生的思路。因此，在听了大量公开课的基础上，再结合其他学校如山东昌乐二中的导学案，笔者对导学案的设计定位如下：每个考点的完成时间为两课时。第一课时主要完成考点把握及思路引导，整个课时的导学案划分为四部分内容：第一部分为考点把握，用填空的方式完成思维的过程；第二部分为考点理解，把自己思维的过程用语言表达出来；第三部分为合作探究，完成例题之后继续简单写出自己的思路；第四部分为提出疑惑，有待课堂上讨论时解决。第二课时是根据这个知识点所出的小测验。

“语意的简明”考点第一课时导学案（节选）

一、考点把握

1. 请用简明、平实的语言转述下面一段文字的主要内容，不超过35个字。（文字材料略）

答：影像真实地记录生活，比文字更客观，能弥补、修正人们的想象力。

2. 认真观察答案与原材料的关系，回答以下问题。

“影像真实地记录生活”一句，来源于原文中________的压缩，它保留了________，删除了________，这是因为________。“比文字更客观”一句，来源于原文中________的压缩，它保留了________，删除了________，这是因为________。“能弥补、修正人们的想象力”一句，来源于原文中________的压缩，它保留了________，删除了________，这是因为________。

二、考点理解

1. 不参照书本，写出你对简明考点的理解。

2. 不参照书本，写出你对简明类题型的思考及答题步骤。

三、合作探究

下面是郁达夫的散文《故都的秋》中的一段景物描写，请从表达效果的角度予以点评。要求：语言表达准确、简明、连贯，不超过40个字。（文字材料略）

点评：

根据原材料________的内容归纳出________，并作________的点评。

四、我的疑惑

你对“简明”还有什么不明确的，请简单说一说。

简明这个考点可以理解成语意的精简，同时也可以与另一个考点压缩相联系，所以笔者在选题及定思路的时候也基本是按照压缩的考点去挑选的。这个导学案的设计，主要是要求学生明白：第一，语文的所有答案都离不开审题的精准，也就是说，答案全部都来源于题干中的原材料，所以四个步骤中有三个步骤都要求学生在思路回答中说明自己的答案立足于原材料的哪句话，是依据什么而得来的；第二，利用不同的题目，通过同一个答题思路，把简明这个考点的思维方法重复滚动三回，这样可以让学生对考点由陌生到熟悉，再加上第二课时的当堂小测验以及同学的讲评，学生对考点的理解和答题的方法就会更有把握。

（三）借助导学案，教学初见成效

学生将导学案完成得好，讨论的时候就有理有据，回答问题的时候就底气十足，反驳别人的错误观点时也会更有自信。学生刚开始做导学案的时候也是没有方向的，因为无论是学生还是教师，都没有真正接触过语文的导学案。但是，经过大半个学期的训练，他们开始与教师有了默契，看懂了教师设计导学案的意图，再经过认真的训练和深刻的思考，进步是显而易见的。

2012 年海珠区第一次综合测试与第二次综合测试论述文阅读得分对比

对比项目 / 班级	海珠区第一次综合测试				海珠区第二次综合测试			
	第12题	第13题	第22题	第23题	第12题	第13题	第22题	第23题
高三（2）班	3.93	1.80	1.56	2.16	4.04	1.51	2.33	2.80
高三（3）班	4.05	1.84	1.75	2.30	3.89	1.89	2.89	3.29
高三（4）班	4.28	1.88	1.50	2.20	3.75	1.50	2.83	3.15
高三（5）班	4.25	1.79	3.26	2.35	3.60	2.04	2.58	2.91
高三（6）班	3.85	1.83	2.15	2.07	3.09	1.40	1.98	2.56

语文综合试卷中第 12、13 题是论述文阅读的选择题，第 22、23 题是语言文字应用题。通过以上两次综合测试部分题目得分情况的比较可以看出，高三（2）班和高三（4）班是在不断进步的。在海珠区第二次综合测试中，高三（2）班的论述文阅读多选题（第 12 题）得分是年级第一名。在第 22、23 题的得分上，高三（2）班和高三（4）班也有不同程度的进步。由此可见，培养学生严密的思路、审题细致精准，确实应该成为导学案设计的一个主流方向，必须坚持下去。

三、关于对话式导学案设计的反思

经过一个学期的训练和打磨，笔者就对话式导学案的设计有了很多自己的想法，发现语文学科还有很多需要进一步深入探索的问题，比如：如何通过导学案的内容让学生完成相关的积累；在教会了学生思考之后怎样教会他们表达并写下自己所想的内容；立足于“语文没有标准答案”的宗旨，应怎样让学生学会分析不同的表达意见，在领悟文章精髓的同时实现表达的精准。在未来导学案设计的道路上，我们仍需要深入研究上述问题，并努力探索可能解决的方案。

小组互助合作学习在高中英语阅读教学中的有效运用

英语阅读始终是中学英语教学的主要内容，是培养学生获取信息能力的一个主要途径，也是学生今后生活和工作中不可缺少的基本技能之一，特别是其衍生出的阅读理解题更是当前广东高考题中分量最重的测试内容。“侧重培养阅读能力，为进一步学习和运用英语切实打好基础”是课程标准的一项具体要求。

但是，长期以来，英语阅读教学存在诸多弊端。例如，教案形式主义，没有针对学生的差异性，很难达到预期的效果；教师摆起权威面孔，居高临下，学生感觉不到平等，主体性得不到充分发挥；学生交互活动少，通常是教师在讲台上诲人不倦，学生在下面昏昏欲睡，教育教学资源没有得到有效的利用。总而言之，阅读教学中缺少合作学习的氛围，一味地填鸭式教学，严重抑制了学生英语思维的发展，影响了其英语学习能力的提升。英语阅读教学的弊端促使教师对合作学习的教学思想进行思考和探索。合作学习作为一种新的教学模式日渐走进课堂，走进师生生活，并受到普遍的关注与欢迎。《普通高中英语课程标准》中提出：高中英语课程的总目标是使学生发展自主学习和合作学习的能力，培养学生的综合语言运用能力。面对21世纪的知识经济社会，基础教育的目的已不是单纯传授知识，而是要教学生学会学习。目前，新课改中所倡导的合作学习适用于英语阅读教学，它有利于培养学生的合作意识以及阅读理解能力，能够把学生的主观能动性调动起来，激发学生的语言潜能，培养其主动、探索、创新的个性品质。小组互助合作学习就是满足课程标准的具体尝试和探索。

合作学习教学模式的实施，首先要求将学生分成若干个学习小组，而分组的原则是：必须精心设计，要充分考虑各个小组成员的性别、能力、原有成绩、性格特征、智力差异等各种因素，且应有利于小组内开展讨论。笔者把合作学习模式和分层教学结合起来，把班级中的学生分为9个英语学习小组，每组5~6个人，然后按英语水平的高低分为A、B、C三个层次，具体分别是A1、A2，B1、B2，C1、C2，而A1通常是组长或学习委员，负责具体组织和实施合作学习的内容。

下面以模块二“Unit 4　Wildlife Protection”的阅读课为例，来说明在英语阅读课中小组互助合作的开展和合作学习的运用。

第一步：课前准备（pre-reading）。

这一阶段的目的是激发学生的阅读兴趣，可用合作学习的方式让学生通过不同的途径获取信息。课前，笔者为各小组布置了任务：①Introduce Tibetan Antelope；②Introduce Asian elephant；③Introduce golden monkey……各小组搜索有关野生动物的图片及文字信息，从中摘录，做成一份图文并茂的介绍材料。在准备过程中，学生们充分发挥了合作精神，有电脑的同学可上网查阅材料，有绘画特长的同学做版面设计，这极大地增强了学生们的学习兴趣。此外，英语成绩好的学生还可帮助“学困生”理解信息，并一起筛选感兴趣的内容来设计。课堂上，教师给各小组10分钟来准备展示。各小组分好组长、发言人、记录者、报告者，各司其职。教师到各小组监督、倾听、答疑，确保讨论围绕主题，避免出现汉语交流或者抄袭别人的成果。10分钟后，教师开始提问，分别找各小组代表回答，并作出积极评价，为获胜小组加分。通过这个环节，学生们已经对课文内容有了初步了解，产生了阅读兴趣，有利于下一步阅读。

第二步：速读（fast-reading）。

速读也可以通过小组合作学习来完成。组内学生按照学生成绩的差异承担不同的任务。学习能力较强的学生阅读较长、较难的段落，学习能力较差的学生阅读较短、词汇量较少的段落。教师让各组找出每段的主旨。每一篇文章都是由各个段落组成的，而每个段落都有主旨，抓住了各段主旨就能理解文章大意了。大约5分钟后，让学生们讨论，将各自所读的段落大意传达给其他组员，由记录者负责记录，并作出总结。教师接着提问：“What's the main idea of each paragraph?”每组派代表作出回答，其他组可有不同意见并作出纠正，最后教师给予评判。为进一步检验学生的理解程度，教师还可以给出相关句子让学生根据课文内容作出判断。

第三步：细读（intensive-reading）。

在理解课文大意的基础上，要求学生作第二次阅读（细读）。此环节可以利用表格更清晰地体现出文章的段落层次，同时使学生在合作填表的过程中能理顺思路，达到更好的阅读效果。在讲授完课文之后，让学生通过小组合作，用所学的句法、词汇造句。小组成员相互检查句子有哪些错误，并进行修改。教师还可以组织小组竞赛活动，小组之间进行抢答，看哪组造的句子又快又准，在紧张活跃的气氛中，让学生消化理解所学知识。对于文章出现的生词，可以安排在小组间进行猜词比赛，比如给出生词的英语解释“far away in space or time”，看哪组能猜出是“distant”。

第四步：阅读后（post-reading）。

这一阶段可以利用合作学习方式让学生分组复述，由每个学生说几句话、一个情节甚至一句话（适合“学困生”）。这样能增强学生的参与意识，特别是“学困生”，全组的帮助有助于他们克服因害怕讲错而不敢开口的心理。学习能力较强的学生因能在复述中承担具有挑战性的部分，培养了他们的创造性思维，在帮助别人时他们也得到了成功的满足感。这样就调动了所有学生的积极性。复述是以原文为基础的，只要学生认真阅读课文，就能很好地完成任务。对于那些英语基础薄弱的学生来说，这是一个很好的表现机会，能让他们在小组中找到自己的位置，树立学习英语的信心。

第五步：自由合作，课堂延伸（extension）。

学习英语的最终目的是交际，即运用所学知识在真实的情境中与他人交流。课后，笔者设计了开放式的交际活动，让学生在新的情境中进行交流，以激发学生的创新意识。笔者设置了一个情境：一个学生扮演他熟悉的野生动物，另一个学生对其进行采访，然后可以互换角色。学生们以小组的形式进行了充分讨论，在展示、对话时都充满了自信，角色互换促使更多的学生参与其中，使他们获得了成就感，体会了学习的快乐。

通过小组讨论这样的教学形式，笔者发现学生的积极性被调动起来了，课堂参与率得到提高，学生主动去发现问题的意识进一步增强，同时，团队互助学习的氛围变浓了，课堂教学效率明显提高。但是，在实施小组讨论和展示的过程中，笔者也发现了以下问题：

（1）小组讨论时，有个别组员几乎从不参与发言，只是充当“听众”。

（2）一个小组在展示时，其他小组好像兴趣不大，只顾着自己小组的事情。

（3）一个小组常常是固定一个同学展示。

面对这些问题，笔者开始了思考，寻找问题的根源。最终发现，问题的出现主要在于以下两个方面：

（1）有些学生习惯了上课“默默无闻”，而教师为了不拖延时间或能按时完成教学任务也就忽略了这一部分学生。

（2）小组展示成果时，教师只对展示者的表现进行评价，这样容易造成“中心突出”或者“绿叶衬红花”的现象。

针对这样的情况，笔者尝试采用了以下措施，达到了较好的效果：

（1）认真落实小组成员的角色分配。各个小组内的成员要有明确的分工。合作学习是一种集体行为，这需要每个学生都有足够的团队意识。因此，教师要确保每位组员都能担任一定的角色，并负起相关责任。如：

小组长：主动引导组员开展讨论，检查组员的任务完成情况。

记录员：负责记录、整理小组活动内容，为小组展示员的展示工作作准备。

展示员：负责向全班同学展示小组活动的任务内容。

为了调动学生的积极性，教师应尽量让每一位学生都有机会担任每一种角色，让每一位学生都觉得自己是小组的主人，从而自觉加入到小组活动中来。

（2）采取有效、科学的课堂评价。评价是英语课堂的重要组成部分。制定小组合作学习评价体系，对小组合作学习进行及时恰当的评价，能大大提高小组成员的团队意识，淡化竞争，增强合作，提高学生合作的积极性。小组合作学习的评价形式可分为：教师评价、学生自评和学生互评。

在课堂上，教师的评价往往侧重于对个体或展示员的评价，忽略了小组其他成员的成果，这在一定程度上挫伤了组内其他成员的积极性。因此，教师在进行评价时要把学习过程评价与学习结果评价相结合，把对合作小组集体评价与对小组成员个人评价相结合。只有科学的评价才能有效提高小组的合作意识。教师的评价是小组合作学习评价体系的重要组成部分，而小组互评则可以成为教师评价的一个有力补充。小组互评能激发学生更强的参与性和责任感，能起到相互督促、互相学习的作用，有利于激发学生你追我赶的上进心。

要提高合作学习的效率，真正让合作学习体现学生的自主性，教师就要根据学生的个性、学习状况等因素进行合理分组，明确分工，科学评价，发挥小组每位成员的最大潜能，达到共同提高的目的。

经过一系列的教学体会，笔者发现在阅读课教学中巧妙运用小组互助合作学习，的确是一种很好的方法。“学优生”的才能得到了展示和发挥，中等生得到了锻炼和提高，“学困生”得到了帮助和增强了自信，同时教学上也取得了不错的效果。笔者专门做了一个调查，对比如下：

阶段	阅读速度	阅读时间	阅读态度	阅读题（40分）
合作前	60词/分钟	超过45分钟	被动，教师要求	10～20分
合作后	100词/分钟	30分钟以内	主动	20～30分

以上变化说明小组互助合作学习有效提高了学生的阅读能力，使学生变被动阅读为主动阅读，深受学生欢迎。同时，合作学习主要体现了以下优点：

（1）小组互助合作学习使阅读变得相对容易。由于英语阅读课知识点多、容量大，某些任务仅用一节课或通过学生一己之力难以完成，此时可以发挥小组互助合作学习的优势。每一位学生以分工合作的方式，依据阅读难易度，由能力较强的成员处理高难度的任务，不仅提高了学生的阅读速度，使每一个学生都获得成就感，也提高了阅读课的学习效率。

（2）小组互助合作学习能够激发学生的阅读兴趣。随着课程改革的实施，阅读篇幅和词汇量也随之增加，这使学生在阅读过程中出现畏难情绪、注意力分散，以至于心烦气躁，对阅读失去兴趣。而通过小组互助合作学习，他们互相启发、引导、监督、补充；他们表达自己的观点，答案丰富多彩，课堂气氛活跃。当自己的意见得到同伴的肯定时，他们体验到了成功的喜悦，对英语阅读也更有信心。

（3）小组互助合作学习能够让学生广泛参与。在以往的课堂上，对于教师提出的问题，只有少数学生有机会回答，大多数只能作为旁观者习惯于听别人说，而无法或者没有机会发表个人意见，导致他们不想参与任何语言活动。而小组互助合作学习给每一个学生都提供了一个良好的表现舞台，使每个学生都主动开口说英语、积极讨论，每个学生的主体地位都得到了体现。这样的阅读教学过程既培养了学生独立思考的能力和自主学习的意识，又培养了他们的团体合作意识。教师也从知识的传播者转变为教学活动的指导者，进而成为学生活动的鼓励者、参与者。

总而言之，小组互助合作学习是一种有效的教学模式。通过合作学习，学生可以彼此促进并分享知识经验，变被动学习为主动学习，提高语言交流能力、与他人合作的能力和英语阅读能力。同时，这种方法还能促进教学相长，提高英语阅读教学的效率，可谓事半功倍。

小组互助合作学习在英语讲评课中的探索与实践

一、引言

《英语教学法》一书中认为："测试主要是用来了解、检查和坚定学习者掌握英语的实际水平的一种手段。"① 因此，在英语学习中进行适量的练习和测试是非常有必要的。而高考就是一次更为严格的选拔性测试，高考"命题遵循选拔性考试的规律与要求，贯彻普通高中新课程的理念，反映本学科课程标准的整体要求"②。

教师每个学期都会为教学工作制订相应的阶段性计划，包含新授课、复习课和练习课等。而每次练习和测试后的讲评课的质量和效果如何，会直接影响学生后阶段的学习状态和方向。高质量的讲评课可以帮助学生分析教与学的情况，发现并纠正问题，及时查缺补漏；强化知识，特别是重难点，

---

① 胡春洞．英语教学法．北京：高等教育出版社，1994. 247.

② 广东省教育考试院．2013 年普通高等学校招生全国统一考试（广东卷）英语考试大纲的说明．广州：广东高等教育出版社，2013. 79，82.

提高综合能力；培养思维能力，掌握分析和解决问题的能力。

二、英语讲评课的现状和原因

教师在实际教学中发现在讲评课中总是达不到理想效果，存在着各种各样的问题，这些问题的存在对学生能力的提高有极大的制约与限制作用。

(1) 教师讲述时间长，超出学生有效注意的时限，效果不明显。

现象回顾：一堂课 40～45 分钟，教师辛苦地不断讲解，部分学生却呆坐在下面，不做笔记，或者走神，甚至睡觉；在做题时，学生反复地做错讲过的题目，教师们因此很无奈。

原因分析：有调查数据显示，学生在学习时注意力集中的占14%，较集中的占66.3%，不集中的占19.8%；在学习时注意力能集中25 分钟的占38.4%，15～20 分钟的占50%，不超过 10 分钟的占 11.6%。[①] 而且，“上课最容易分散注意力的科目从易到难的顺序依次是英语、数学、物理、语文、政治、地理、历史和化学，无一人选择生物。男生偏向语文和英语，女生偏向物理和数学。”[②] 由此可见，如果在英语课堂上教师讲得多，超出了学生的注意时限，学生走神的情况就会变得很普遍，教学效果不明显不用说，甚至还会对整体

① 梁晓波. 对中学生集中注意力的一点思考. 育星教育网，http://www.ht88.com/article/article_ 21624_ 1.html，2011-03-30.

② 关于高中生上课注意力不集中现象的调查. 教育档客，http://www.jydoc.com/article/1716433.html，2009-06-22.

学生的学习起到负面作用，更不用说要求学生能通过练题达到举一反三的效果了。

（2）教师只能针对一般程度的学生进行讲解，不能照顾全面。

现象回顾：教师在讲的同时手上的粉笔也忙个不停，但是班里的“学优生”只顾低头做题，而“学困生”则是呆坐着没反应。教师心里很懊恼，觉得“学优生”骄傲了，“学困生”却是“牛皮灯笼”——怎么点都不明。

原因分析：面对大班教学，无论是讲课还是评卷，教师都只能针对一个班集体某个层次的学生进行讲解，一般是中等层次。一个达到45人或以上的班级，学生的层次高低差距大，有的差距甚至达到70～80分。在课堂上，教师不能照顾到“学困生”和“学优生”，只能针对中等水平的学生进行讲课，造成“学优生”不想听、“学困生”听不懂的情况。对“学优生”和“学困生”来说，都产生了时间上的浪费。

（3）忽略学生的原有经验和知识基础，未能从学生的角度讲评。

现象回顾：教师在讲课的时候，已经做到尽量把题目讲细讲透，但学生还总是重复地犯错误，学生提的问题也让教师觉得难以理解，学生似乎根本就没掌握该知识点。

原因分析：教师在讲题前自己先做题备课，但是教师做题的时候已经带有自己原有的知识积累和多年的做题经验，因此在讲题时，就无法从学生的角度看到学生所犯错误的原因，这样也就不能很好地帮助学生提升，无法解决学生的思路断点问题。

三、对策思考：小组互助合作学习模式

（一）从《普通高中英语课程标准（实验）》的角度

《普通高中英语课程标准（实验）》（简称《新课标》）在教学建议中提出的教学原则第一点即是“面向全体学生，为学生终身发展奠定共同基础”，“为了帮助学生打好高中英语课程的共同基础，教师要鼓励学生通过体验、实践、讨论、合作和探究等方式，发展听、说、读、写的综合语言技能，要创造条件让学生能够探究他们自己感兴趣的问题并自主解决问题，要特别强调让学生在人际交往中得体地使用英语。”① 而在解读部分即提出打好共同基础的前提是共同参与。因此，小组互助合作学习模式正好符合了《新课标》的要求，既面对各个层次的学生，要求学生进行讨论，通过组内互助合作解决问题，也在展示时培养了学生的自信。有学生的高度参与，讲评课会更有效，教学质量自然会提高。

（二）从学生的角度

要解决学习注意力不集中这个问题，学生提出的建议如下：“从教师的角度，讲课方式要讲究，课外知识多穿插，

---

① 陈琳，王蔷，程晓莹．普通高中英语课程标准（实验）解读．南京：江苏教育出版社，2004. 184.

多观察学生动态，多与学生沟通，语言幽默风趣等。”① 这反映出学生希望在课堂中能多交流，教师能有多种形式的教学模式来帮助学生提高课堂注意力，从而提高课堂教学的有效性。

（三）高效的小组互助合作学习模式

《教育学原理》一书中认为，在以往的教学实践中，“以知识为唯一追求、视学生为知识的被动接受者、忽视学生生命发展的整体性和独特性”已经不合时宜；“新基础教育”的研究者认识到，师生要建立“人—人”关系，则“要把教学过程看作师生为实现教学任务和目的，围绕教学内容，共同参与，通过对话、沟通和合作活动，产生交互影响，以动态生成的方式推进教学活动的过程”②。小组互助合作学习模式同时符合《新课标》和“新基础教育”的要求，成为一种值得不断深入研究的教学模式。这种模式能够让学生直接进行学习的体验、实践、讨论、合作和探究，让师生自由地进行思维的碰撞，使教学更高效。

四、利用小组互助合作学习模式，使讲评课成为学生的自由论坛

笔者在学习了高效课堂模式的基础上，在本校所教两个

---

① 梁晓波．对中学生集中注意力的一点思考．育星教育网，http://www.ht88.com/article/article_21624_1.html，2011-03-30.

② 叶澜，杨小微．教育学原理．北京：人民教育出版社，2009.190，193.

理科班（一个理科重点班，一个理科普通班）中进行了两年的教学模式改革尝试。

两个理科班的基本情况是：在高二分文理科班的时候，理科重点班人数为58，英语分数为90～120分的约12人，30～45分的约15人；理科普通班人数为48，80分以上的约5人，15～30分的约10人。两个理科班学生的共同点就是在所有学科中英语是最薄弱的科目，而且理科重点班和文科重点班的平均分相差15分，理科普通班为全年级平均分最低的一个班；两个班的学生水平差距很大，学习基础和态度相差也很大，完全不能统一按一种方法来进行教学。

为了使学生们在已有的基础上获得更大的进步，笔者尝试运用小组互助合作学习模式进行教学和管理，并特别注重在讲评课上运用，初步形成了自己的一些看法和心得，以下是实践步骤：

（1）建立情感交流互助小组——培养与激发学生学习的内部动机和外部动机。

教师根据学生的水平建立了相对平衡的互助合作小组，但这个小组形成的群体并不是一个理想的、能自然而然地互助合作的群体。根据法国著名社会心理学家、群体心理学创始人古斯塔夫·勒庞（1841—1931）对群体中的人的共同特点的描述："首先是每一个人个体性的消失；其次是他们的感情与思想都在关注同一件事。"[①] 在教师指导和帮助下建立

① ［法］古斯塔夫·勒庞．乌合之众：大众心理研究．戴光年译．北京：新世界出版社，2011.3.

的以小组为单位的学生群体，与自然形成的群体存在一定的差别。在小组形成初期，学生的个体性仍然存在，而且不容易改变甚至消失。因此，教师可以从完成简单的教学任务开始，逐渐培养群体中学生间的情感信任和成就感，使他们能够在互相信任的基础上进行自由的思想交流，然后引导并激发小组群体的共同学习目标，以及追求进步的内部和外部学习动机，使其通过彼此间的互助，最终达到群体共同取得成功的目的。

（2）以任务型教学为基础，营造良好的课堂实践探索氛围——自主互助合作（讨论）、展示、归纳、评价。

一个小组要成为一个能发挥个体优点并且互助向上的学习群体，需要有共同完成的目标为载体，该共同完成的目标即教学任务。运用任务型语言教学，其“理论依据来自许多方面，有心理学、社会语言学、语言习得理论、课程理论等”①。任务型语言教学的核心理念可概括为：“学习者是在参与活动与完成任务的过程中，通过交际性和有目的的交互活动掌握语言的。”② 因此，在讲评课上，教师设定相应的任务作为每个小组需要共同完成的目标，让小组成员通过自主学习、合作讨论、成果展示等环节，慢慢地把学习作为小组的核心目标，让课堂成为学生的自由论坛，让互助合作成为小组通向成功的道路。

笔者以《2013 年普通高等学校招生全国统一考试（广东

① 龚亚夫，罗少茜．任务型语言教学．北京：人民教育出版社，2003. 13.
② 龚亚夫，罗少茜．任务型语言教学．北京：人民教育出版社，2003. 38.

卷）英语考试大纲的说明》中的试卷结构和题型为教学的标准内容[①]，将小组互助合作学习的课堂实践分为两部分进行实践阐述，第一部分是将完形填空、语法填空、阅读作为一个整体，第二部分是以写作（包括基础写作和读写任务）为主。小组内讨论的是个体的做题思路，展示的是小组讨论后的集体思维精华。

（1）将完形填空、语法填空、阅读作为一个整体的小组互助合作学习。

第一步：自主学习阶段。

学生独立完成练习或测试题。自主学习是合作学习的前提，是学生通过学习发现问题、提出问题的第一步。没有了独立自主的学习，学生缺少独立思考的机会，讨论只不过是“拿来主义”，这使讨论变了质；没有了个人思想参与的讨论，学习过程只是变成了从教师“灌”到同学“灌”，毫无意义可言。

第二步：合作学习阶段（讨论）。

教师给不同的小组分配不同的任务，组内自由讨论并研究题目。整个教学设计着重体现和评价的是学生在做题时的思维过程：思维过程正确，则结果正确；思维过程出现混乱、漏洞或者错误，结果就会错误。在6人小组中，按英语成绩从高到低分为A1/A2/B1/B2/C1/C2，如A1是英语学科带头人，负责分派组内任务，C2负责查生词，B2负责做记录等。

---

① 广东省教育考试院. 2013年普通高等学校招生全国统一考试（广东卷）英语考试大纲的说明. 广州：广东高等教育出版社，2013. 79，82.

小组成员分别阐述自己对题目的理解，这样可以避免组内基础不好的同学不参与。组员在讨论时各自讲出自己的解题思路，同时也学会倾听别人的阐述，调整自己的思路。当每个小组达成共识后将讨论的结果写在各自的讨论案上，则得到本小组讨论的结果，准备交换点评和展示。在这期间，学生的思维能力、口头表达能力和沟通倾听能力都能得到很好的锻炼。

笔者根据2012年普通高等学校招生全国统一考试（广东卷）A型题，为小组在讨论中设置了以下讨论任务的讨论案，小组进行相应讨论后再填写讨论结果：

We all know that some things are obviously right. For example, it is right to be __1__ to other people. It is also right to look after the environment. Some things are __2__ wrong, too…

1. A. kind　　B. sensitive　　C. fair　　D. generous

讨论小组名称：________　　点评小组名称：________
完形填空讨论案
第1题：选__A__　A. 友爱的；B. 敏感的；C. 公平的；D. 慷慨的 （写出各选项的中文意思）
解题思路： 答案在文中第__1__段第__1~2__行。 解释：根据 it is right…It is also right to look after…look after 意为照顾别人，是友爱的行为。
归纳思考： 本题运用语义场关联 解题技巧。
第2题：选______　A. ______；B. ______；C. ______；D. ______ ……

Mary will never forget the first time she saw him. He suddenly appeared in class one day, 16 (wear) sun glasses.

讨论小组名称：基因重组 点评小组名称：________

语法填空讨论案

第16题：填 wore 本题考察 动词过去时

解题思路：wear 是动词，appeared 是过去时，所以应填过去时。

第17题：填________ 本题考察________

……

讨论小组名称：________ 点评小组名称：________

阅读讨论案

第26题：选________ 本题属于________题（如主旨大意题、推理题、细节题等）

题干 key words ______ 答案在文中第______段第______行。

选项分析：

A. ________________________

B. ________________________

C. ________________________

D. ________________________

……

第三步：学习展示阶段。

由教师指定小组成员代表本小组展示讨论的成果。在进行这样的抽查时，小组内各个层次的学生都要认真参与小组讨论并做好笔记，否则无法很好地展示小组成果。展示可分为本小组成果展示和点评其他小组成果等不同的方法（根据题目难度来使用）。学生在展示本小组成果的同时，需要解答其他组同学提出的疑难问题，如果本小组答不出来，也可以邀请其他小组共同帮助参与解答。这样，一道题目的讨论就从自己小组成员间的讨论拓展成全班同学的讨论，从小范围、浅层次的讨论延伸到全班大范围、更深层次的讨论。例如，在上述的语法填空讨论案中，“如来佛祖”组的组员点评出“基因重组”组第16题的错误：

讨论小组名称：基因重组　点评小组名称：如来佛祖

语法填空讨论案

第16题：填 wore　本题考察 动词过去时

解题思路：wear 是动词，appeared 是过去时，因此填过去时。

纠错：He suddenly appeared… 16（wear）…中 He 是主语，appeared 是谓语，逗号后面是动词非谓语形式作伴随状语，应填 wearing。

……

第四步：归纳总结阶段。

教师强调本节课的重点和难点，归纳总结并梳理知识点和解题思路，或作进一步的补充，指引学生对具有内在关联性、逻辑性的内容进行提炼。

（2）以基础写作和读写任务为整体的小组互助合作学习。曾有研究人员用两只猴子做实验进行比较：当 A 猴子看到 B 猴子作出错误选择的时候，A 猴子大脑的前额皮质层细胞就会有反应；但是如果 A 猴子自己作出错误的选择时，它自己的大脑前额皮质层细胞却没有反应。这说明我们是可以通过观察别人的错误来学习的。学生在教师的指导下，分析其他同学作文的优点和缺点，从中得到写作技巧的学习和提升，这种方法的效果是很明显的。

第一步：学生独立完成作文写作，教师在批改后挑选出几篇有代表性的学生习作印出来给全班每个学生阅读。

第二步：课堂上，每个小组分别讨论教师所印发的学生习作中的一篇，同时完成相应的讨论案。

写作任务分析评价讨论案

作文名称/编号：　　　　　　　　点评小组名称：

1. 文章结构

审题	正确　跑题	体裁	正确　不正确	人称	正确　不正确
字数	足够　不足够	分段	清晰　不清晰	版面	整洁 一般 不整洁

	时态	段首过渡句
第一段		
第二段		
第三段		
第四段		
……		

2. 文章遣词造句（在例文中找到并抄下相应内容，如果有错需用红笔改正）

使用从句的句子	
使用非谓语形式	
使用较高级短语	

（续上表）

使用较高级句型结构	
使用连贯词	
人称代词错误并改正	
单词拼写错误并改正	
主谓一致错误并改正	
标点符号和大小写错误并改正	
……	

3. 优美句子摘录

4. 请写上一句评语（基础写作/读写任务）

____

第三步：作文点评展示。教师从每个小组中邀请一位学生代表本小组到讲台上向所有同学进行作文点评，同时学会欣赏优美的句子，其他同学可以自由地提出自己的不同意见或者进行补充。

第四步．归纳总结。要求同学们归纳本节课从几篇学生习作中分析得出的好词好句，并将这些好词好句记录在笔记本上。

五、总结与教学启示

（一）总结

笔者经过两年的实践，发现小组互助合作学习模式给学生的学习能力提升带来了明显效果，学生在各个方面的表现都有了很大的进步，但还存在一定的不足。

（1）日常行为表现。

	优点	存在的问题
作业完成情况	在小组成员的互相监督下，交作业的情况总体上很好，教师基本上不用操心	在英语“学困生”中，特别是在普通班，落后面较大，会出现随便做或抄作业来应付的情况
课堂表现	由于每个组员都有机会被教师要求进行展示，各层次学生在小组讨论和做笔记时主动性加强了。A层次学生在展示时热情高涨，语言表达清晰，主动迎接来自各方面的提问和质疑，思维和反应得到很好的锻炼。即使在无教师的自习展示课上，小组的带头人也能够自主组织完成讨论和展示的任务，组织能力得到提升	C层次、性格较为被动的学生在整个活动过程中表现相对沉默。在课堂展示上，这部分学生只是停留在解答较基础的浅层次内容上，在语言表达的准确性、回答其他小组提问的灵活性上还存在一定的不足
学习自主性	各个层次学生的学习自觉性均提高了。特别是中上层次和性格开朗的学生进步特别明显，学习热情高，自信心、口头表达能力大大加强，课后的自主学习和研讨表现积极。C层次学生也进步很大，特别是自信心增强了，增加了对英语的学习兴趣	较少

（2）高考成绩分析。在每个学生都拼尽全力学习的同时，理科重点班的成绩不断接近文科重点班，从原来落后15分的差距缩小了一半以上。高三两个理科班（属于第六组的生源学校）在高考中超过第五组的平均分，到达度为1.01。

（3）“学优生”和“学困生”同时得到发展。最明显的当属5班的“学优生”曾同学和6班的“学困生”黄同学。曾同学的英语水平一直在年级排第3～5名，但是在高考前一个月左右，他出现了学习焦虑情绪，成绩一落千丈。笔者作为科任教师，除了尽力帮她解忧外，还请小组其他成员帮助她。由于曾同学平时经常辅导组员学习英语，大家都很感激她，对于她出现的状况也感到不安，于是更加主动和热情。在教师和同学的共同帮助下，曾同学最终冲破内心的障碍，在高考中拿到129分的全年级最高分，超过理科重本线125分。而黄同学则是从初中就放弃英语学习，平时测试也就在20～30分。在高二刚开始实施小组互助合作学习时，他表现得很抗拒，就算轮到他展示也不愿意参加。后来，也是在组员的激励和鼓舞下，他慢慢接受英语，并在高考前全力以赴地学习，在高考中拿到了75分。在这期间，小组互助合作学习对他们都起到了十分积极的作用。

（二）教学启示

（1）在运用小组互助合作学习模式后，学生的思维能力得到大大提高，在面对各种各样的题型时，能表现出较强的自信心和镇定的情绪。

（2）在小组互助过程中，组员的情感互助、学习互助等都能消除学生在学习过程中产生的焦虑情绪，学生后续能力提升幅度很大。学生通过互助，生教生，生帮生，生促生，发挥了主观能动性，学生间互相比较哪种方法和思路更好，学生自己出点子解决问题，不断提出新的方法，补充了教师在教学上的不足。

（3）形成“师生—生生”的合作互助良性教学模式，培养了团队精神，提升了士气，“学优生”起到模范带头作用，“学困生”在组员的督促和鼓励下并进，实现了多赢效果。

高中数学课堂开展小组互助合作学习的研究与实践

目前，小组互助合作学习被当作一种重要的关于课改的新型教学模式和学习方式。虽然大量的研究与实践表明小组互助合作学习对于提高教学的有效性和质量有显著作用，但在实施小组互助合作学习的过程中也存在着诸多“无效或低效现象”，往往“流于形式”或“表面热闹”。尤其是笔者所在的学生学习基础比较薄弱的广州市F类生源组的普通高中里，有相当数量的学生并不能真正有效地参与到小组互助合作学习这一模式中去，甚至只是作为“旁观者”。因此，在高中数学教学中研究如何开展有效的小组互助合作学习就显得十分重要。

一、影响小组互助合作学习有效性的基本因素

笔者在课题组的指导下通过深入研究发现，影响小组互助合作学习有效性的基本因素主要有以下三个：

(一)教师的合作意识与技能

在小组互助合作学习中，教师的角色该如何定位?《普通高中数学课程标准(实验)》明确指出:“教师是数学学习的组织者、引导者和合作者。”[①] 在活动之初，教师要将大部分时间用于观察和控制各小组的合作情况。同时，教师需要在选材、目标设置、任务选择与过程评估等环节进行全程把握及监控。教师应该积极介入不同的小组，并为小组提供及时有效的指导，充分体现组织者、合作者与参与者的角色。因此可以认为，教师的引导、参与、调控是否得法决定着小组互助合作学习的成功与否。

其实对教师来说，小组互助合作学习也是一种新的教学理念及方式，因为大多数教师也是在缺乏合作的传统教育体制下成长起来的。教师只有经过合作才能从中感受到合作的价值，才能体验到合作的快乐，也才能有效地去指导学生的小组互助合作学习。集体备课、教研活动等都是训练教师的合作态度、合作精神的有效策略。

(二)学生的合作意识与合作技能

开展小组互助合作学习的课堂教学模式要求学生必须同时进行两种活动:一是学习学科内容，明确小组任务与个人任务;二是小组活动，使小组有效地发挥其功能。要使所有的学生都能进行有效的沟通，学会共同活动的有效方式，建

① 普通高中数学课程标准(实验). 北京:人民教育出版社，2003.

立并维持小组成员之间的相互信任，有效地解决组内冲突，就必须以良好的合作技能作为中介。在小组互助合作学习中学生应掌握的技能技巧包括：

（1）积极互动，勤于思考。组内成员要有较强的“积极互赖”意识。①

（2）专心倾听别人发表的意见。

（3）服从组织统一协调安排，讨论时轮流发言，做到有秩序。

（4）建立和维护小组成员之间的相互信任。如尊重别人，善于觉察别人的情绪，能调控自己的情绪，对别人恰当地赞美、微笑。

（5）掌握有效的沟通技能。如能听出别人发言的要点，边听边思考，表明自己的见解，发言条理清楚、简练且重点突出。

（6）能有效解决组内冲突。如组员间有争议、有不同见解能妥善处理。

（三）小组自评

小组自评也称为小组加工或小组反省，其目的在于提高小组在达成共同目标时的有效性。这种自评的作用是：①使小组成员维持良好的工作关系。②便于合作技能的学习。③使组员对自己的参与情况有所了解。④保证学生在元认知水平的基础上进行思考。⑤为强化小组成员的积极行为和小

---

① Johnson，D. W. & Johnson，R. T. （2001）. Cooperative Learning.

组的成功提供手段。[①]

小组自评能够为小组合作提供有益的反馈，是开展合作学习的一个极其重要的环节。因此，合作学习小组必须定期评价共同活动的情况，保持小组活动的有效性。

二、开展有效小组互助合作学习的教学策略

基于上述对影响小组互助合作学习基本因素的剖析，笔者提出以下有针对性的教学策略：

（一）精心进行分组设计

好的合作小组，应该有共同的知识基础、共同的合作学习积极性，特别是能够互相信任、积极配合去完成共同的任务。由于教师对小组互助合作学习理论和技术的把握不够透彻，在实际工作中很多时候往往是让互助合作学习小组按座位就近搭配分组，很多教师还特别注重好、中、差搭配结合，这样学习小组成员之间本身就不是一个平等的关系，而是一个依赖、主从的关系，即知识基础好、表达能力强的同学就成了小组的“主角”，自觉不自觉地包办了一切，而那些“学困生”也就自觉不自觉地成了陪衬、附庸，甚至一言不发，即使发言，不是语无伦次就是不着边际，这样的合作学习肯定是低效甚至无效的。因此，建议依据以下步骤进行

① Johnson, D. W. & Johnson, R. T. (2001). An Overview of Cooperative Learning.

改革：

1. 确定小组规模

规模越小，每个人在组内的随机发言机会就越多，个人意见的表达就越充分。但是针对目前普通高中班级规模较大（一般都超过40人）的现状，规模太小将导致班级总组数太多，而且小组成员过少有时难以合作完成学习任务。因此，一般而言，在进行课堂小组互助合作学习时，最佳的小组规模是6人左右（4~8人），便于形成讨论的格局（可一对一讲，可一对多讲，也可自愿配对交流）。

2. 遵循分组原则

由于小组水平相近才有竞争，组员组织能力各有差异才能互补，所以教师在进行分组时应该遵循“组间同质，组内异质”的原则，同时应兼顾“自愿原则”，这样便于形成团队精神。小组的每一个成员都与自己所在的小组荣辱与共，为小组的荣誉全力以赴，小组形成巨大的核心力，从而实现“人人尽责”。

3. 明确小组目标和个体责任

开展小组互助合作学习模式时最让人担心的就是有些学生偷懒，却与其他辛苦工作的组员共享成果。这些“搭便车”的学生，不仅自己丧失了学习的机会，还会挫伤整个小组的积极性。要解决这些现实问题，可以采取以下措施：

（1）实行任务轮换。为小组成员编号，包括组长、各学科带头人等，并在每次课堂小组合作时进行轮换。

（2）确定发言顺序。每位学生都应明确自己的任务，并依据小组需要进行外在行为表现。由各组成员自主推荐小组发言人代表小组进行总结，并根据学生的性格特征决定先后发言顺序。尽量让不爱讲话的学生先说、多说，当一人发言时，其他成员必须认真倾听，待别人讲完后再发表自己的观点。

学生在学习一个数学知识（如概念、运算等）的初期都会有这样那样的错误，经过交流、讨论等多种活动过程后，学生在描述一个概念、解题过程时是通过实例、图形运用自己的语言组织的，实际上是将数学知识进行“迁移”处理，有时尽管口述、展示的是书中的原文，但在内部表征数学知识时调用的是个人语言，这就促进了数学知识在学生头脑中的理解和记忆，尤其是当叙述受阻时，就会产生想弄懂的强烈动机，推动学生主动建构有关知识，学生对这种情况下建构的数学知识理解更深。

在传统课堂教学模式中，学生以听教师讲解为主，处于被动接受的状态，那么对于中等生和“学困生”来说，他们可能在课堂上思考得很少或根本来不及思考而懒得去思考。而在小组互助合作学习模式中，学生可以相对自由地表达其真实的想法，并且人人都有表达想法的机会，这就使学生有了思考的时间，从而加深了对知识的理解。

（二）明确合作目标

在每次小组合作活动前，教师必须明确提出本次合作活动的内容和要求，以保证合作学习的效果。教师应根据每节课的教材和学生的状况，认真设计教学目标，精心创设问题情境，以引导学生展开积极思考，进行合作交流。

1. 设计教学目标

教学目标的设计既给学生指明了小组合作方向，又能引起学生的注意，使学生在学习中做到心中有数，并设法实现目标。为了使小组互助合作学习真正富有实效，教师要认真钻研教材，精心设计适宜小组互助合作学习的教学目标。

教师在上课前应将重点、难点分解设计成一些自学思考题（以导学案形式在课前发给学生），供学生在自学过程中思考，这可以解决教师代替学生“快体验、快抽象”的弊端。学生自身经历完整的学习过程，从概念的初步引入、展开到确立，使数学概念的形成过程有血有肉，具有丰富内涵。问题最初由教师提出，一段时间后由师生共同提出或完全由学生提出，并在题后注上姓名和所在小组的名称，可进一步激发学生的学习积极性。传统教学法的一个假设是学生在课前就已经进行了预习，而事实上，普通高中学生大部分不预习。有时候教师并没有在前一天告知学生第二天将要学习的内容，因而学生往往在毫无心理、知识准备的情况下学习新内容，缺乏知识建构的主动性。美国心理学家奥苏伯尔从认知结构的完善或成熟程度的角度来研究概念错误产生的原因，认为当学生认知不成熟、心理准备尚未充分的情况下，强迫学生进行概念学习，必然会使学生产生错误的概念。[①] 与传统教学法相比，这一环节方便了学生学习前的准备，增强了知识建构的主动性。长期运用这一策略，学生的阅读、审题及提出问题的能力都会得到不断提高，学生主体意识得以增

① 李士锜 . PME：数学教育心理学 . 上海：华东师范大学出版社，2001.

强，自主学习能力也得以提高，这是小组互助合作学习模式促进数学学习的基础。例如，在人教版高中数学教材必修2第三章第一节“直线的倾斜角与斜率”的教学中，笔者让每组中的6人每人归纳总结出一部分内容并上台展示：

(1) 任意一条直线是否有倾斜角？是否有斜率？为什么？

(2) 经过原点的直线斜率越小越接近于 X 轴吗？

(3) 两条直线的倾斜角相等斜率就相等吗？反之亦然吗？

(4) 经过两定点的直线的斜率确定吗？其和该两点坐标的关系如何？

(5) 形如 $y=a$ (a 为常数) 这样的直线没有斜率 k 吗？

(6) 直线斜率的范围是多少？

2. 创设问题情境

小组互助合作学习的问题情境创设的质量是影响合作学习有效性的一个关键性因素。数学课堂中的小组互助合作学习必须依据教学内容的重难点和学生的认知水平来确定合作的内容，找准合作的切入点，并在这个切入点上创设能激发学生合作欲望的问题情境。① 有效合作的问题情境的创设不能使问题落在学生独立学习就可以完成的区域内。教学的切

---

① 章水云. 新课标下高中数学“有效教学”的策略探究. 中学数学研究, 2006, 4 (8): 2~4.

入点要立足学生的“最近发展区”，将教学任务预设在“最近发展区”的框架内，使得这个教学任务靠学生独立学习是完成不了的。

例如，笔者在组织人教版普通高中（理科数学）选修2－2第一章第三节“导数在研究函数中的应用”中“函数的最大（小）值与导数”部分的课堂小组互助合作学习时，先将以下一组针对教学目标的问题形成有梯度的“问题提纲”，在上课前发给学生，然后让学生根据“问题提纲”充分交流，在合作交流的探究氛围中思考、质疑、倾听、表述，通过师生互动、生生互动掌握重点，解决难点，让学生真正成为自己学习和活动的主人。

问题提纲	设计意图
问题1：在闭区间 $[a, b]$ 上连续的单调函数 $f(x)$ 在 $[a, b]$ 上必存在最大值、最小值吗？分别在何处取得？如果是在开区间 (a, b) 上情况又如何？	引导学生发现函数 $f(x)$ 在某个区间取得的最值与其在区间左右端点处函数值的关系，以及这种关系是否必然和普遍成立
问题2：如果连续函数 $f(x)$ 在 $[a, b]$ 上不单调（如课本第29页图），上述结论还成立吗？此时最值是否就是函数极值呢？	通过变换函数图像的特点，与刚才的发现进行对比，造成认知冲突，使学生发现新的问题，从而为本节重点“函数最值可能所在的两个位置”做好铺垫

（续上表）

问题提纲	设计意图
问题3：在闭区间［a，b］上连续函数f（x）的最大值、最小值分别是什么？分别在何处取得？ 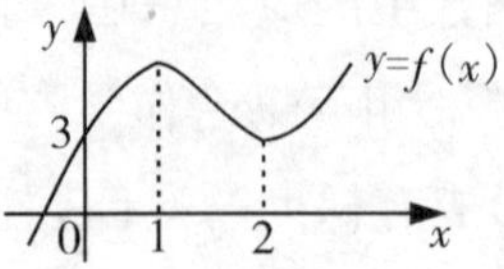 **连续函数f（x）**	在学生为发现新知奠定基础后，教师应及时提出教学目标，使学生明确学习目标，激发学习热情
问题4：以上分析说明求函数f（x）在闭区间［a，b］上最值的关键是什么？	让学生探索出函数最值可能出现的位置，并发现方法要点
问题5：假设函数f（x）在［a，b］上连续，你能归纳出求f（x）在［a，b］上最大值与最小值的步骤吗？	在学生发现方法之后让学生及时总结出解题步骤，以锻炼其表达能力及训练其思维能力

在小组互助合作学习状态下相互影响、相互合作的环境，比个体的、相互竞争的环境更易激发学生的学习动机，同时因有同伴帮助，在提高成绩和心理调适方面效果更显著。[①]

（三）优选合作方法

在高中数学课堂进行小组互助合作学习的过程中，教师应根据具体的教学目标、教学内容的特点和该班学生的合作学习状况来选择最合适的小组互助合作学习方法，以下列举

① 陈俊林．合作学习、交流帮助与学习成绩的关系．郑州航空工业管理学院学报（社会科学版），2004（1）．

两种常用的小组互助合作学习方法：

1. 轮流解题法

轮流解题法适用于解题程序比较规范的习题练习，如“用线性规划解决实际应用题”、“解一元二次不等式”等。轮流解题法的基本操作方式是把解题步骤分为几步，由小组成员接力完成，最后评比每组的解题结果。例如，笔者在人教版高中数学教材必修5第三章第三节“一元一次不等式（组）与简单的线性规划问题”的教学中进行了以下教学设计：

在学生已经初步掌握“先列出约束条件和目标函数，再将应用问题转化为线性规划问题，利用图解法求解”基本步骤的基础上，教师给各小组分发一张“合作练习卷”，要求每组学生轮流在“合作练习卷”上写出每步的解答过程，并画出图形。“合作练习卷”上有如下内容：

问题：电视台有两套宣传片。其中宣传片甲的播映时间为3分30秒，广告时间为30秒，收视观众为60万人；宣传片乙的播映时间为1分钟，广告时间为1分钟，收视观众为20万人。广告公司规定每周至少有3.5分钟的广告时间，而电视台每周只能为该栏目宣传片提供不多于16分钟的节目时间。电视台每周应播映两套宣传片各多少次，才能使收视观众最多？

分析：将已知数据列成下表：

	播宣传片甲	播宣传片乙	相关要求
播片时间（分钟）			
广告时间（分钟）			
收视观众（万人）			

(以上由小组 C1、C2 成员作答)

解：设＿＿＿＿＿＿＿＿＿＿＿＿＿＿＿＿＿＿＿＿

目标函数解析式：＿＿＿＿＿＿＿＿＿＿＿＿＿＿

依题意列出线性约束条件（不等式组)：＿＿＿＿＿＿

(以上由小组 B2 成员作答)

画出可行域图：＿＿＿＿＿＿＿＿＿＿＿＿＿＿＿

(以上由小组 B1 成员作答)

结合以上图象和目标函数得出最优解：＿＿＿＿＿＿

答：电视台每周应播甲宣传片＿＿＿＿次、乙宣传片＿＿＿＿次，才能使收视观众最多。

(以上由小组 A1、A2 成员作答)

各小组在拿到题目后的前 3 分钟内，共同合作分析题意，并确定小组内成员的解题分工。然后，各小组用 15 分钟按次序“轮流解题”。15 分钟后，教师回收“合作练习卷”，用实物投影仪展示各组的合作成果。师生共同点评，并回顾解题过程中的注意事项。

由上例可以看出，从每组的第二位学生开始，每位学生在自己解题前先要检查前面学生解题的内容，若觉得前面出错还要进行辨析或小组讨论，然后才能继续进入下一个解题步骤，所以轮流解题法有利于培养学生的反思和纠错能力。

2. 分块学习法

分块学习法适用于需要从多个角度进行问题探究的数学命题研究。以每班48位学生为例，分块学习法的基本操作方式是：根据“问题提纲”的要求，先将学生分成8组，每组6人，再按以下三个基本步骤进行：

（1）教师分配“合作学习任务（问题）”。教师将“合作学习目标”分成A、B、C、D、E、F共6个“合作学习任务（问题）”，小组内每位学生负责研究其中1个，教师给他们每人提供相应的不同的学习资料。

（2）组成专家学习小组合作完成同一学习任务。由研究同一个问题的学生成立专家学习小组，如将研究A问题的8位学生组成专家学习A小组，以此类推，形成A、B、C、D、E、F共6个专家学习小组，各组在学习了教师分发的相应学习资料的基础上，交流探究同一个问题。

（3）原始小组成员交流完成“合作学习目标”。所有学生回到各自的原始合作学习小组中，将刚才这一问题的探究结果讲给其他同学听。各位组员互相倾听、讨论交流，最终完成“合作学习目标”。

例如，笔者在进行“函数 $y=A\sin(\omega x+\varphi)$ 的图象及其性质”第二课时的教学中，组织学生采用分块学习法进行小组互助合作学习，具体的课堂组织步骤如下：

（1）教师提出“合作学习任务（问题）”：正弦曲线依次进行哪些图象变换可以得到函数 $y=2\sin(2x+\pi/4)$ 的图象？

（2）根据周期变换、左右平移变换、上下伸缩变换这3种变换的6种不同排列方式，分别要求每组6个学生每人分别研究“将正弦曲线通过其中一种排序进行怎样的3次图象变换可以得到函数 $y=2\sin(2x+\pi/4)$ 的图象”。由研究同一种排序的学生分别组成A、B、C、D、E、F共6个专家学习小组。各组在利用多媒体网络教学环境这一探究平台的基础上，合作交流探究同一个问题。

（3）专家学习小组得出结论后，所有学生回到原来的学习小组，各学习小组在综合全体6个结果的基础上，共同探究得出结论“由正弦曲线变换得到函数 $y=A\sin(\omega x+\varphi)$ 的图象需要进行3种变换，顺序可任意改变，但变换的单位有所不同”。

（四）小组互助合作学习活动完成后要进行及时、有效的评价

从心理学的角度来看，每个人的心灵深处都渴望被人尊重与认可，因此，教师在学生完成小组互助合作学习活动之后进行及时、有效的评价就显得非常重要。评价要重点突出“小组学习过程”与“小组学习结果”的结合以及“小组集体表现”和“小组中个人表现”的结合。其中，前者的评价要注重学习过程，因为学习过程最能反映小组的合作情况；后者的评价则要注重小组集体，这样可使小组成员意识到小组是一个“学习共同体”，个人成绩的突显必须建立在小组目标实现的基础之上，防止个人表现主义、歧视“学困生”等不良现象出现。

小组互助合作学习作为一种新课程理念所倡导的新型学习方式和教学模式，还需要广大教师在教学实践中不断地摸索、总结和改进，不断地更新教学理念，逐步改进学生的学习方式，沿着时代发展和当代教育学理论变迁的步伐，进一步提升教学质量，促进学生更好地发展。

高中数学小组互助合作学习模式的反思与建议

随着素质教育工作的不断推进，小组互助合作学习已经得到充分重视。结合高中数学的学科特点，激发学生对数学的兴趣，提升学生的学习能力与合作意识，是当前数学教师面临的最新课题。

一、合理划分学习小组

在高中数学课堂教学中，建立互助合作的学习小组是开展小组互助合作学习的先决条件，对整个小组互助合作学习过程能否顺利开展起到决定性作用。对于划分学习小组，必须遵循以下原则：一方面，每个小组的学生应控制在4～6人，不宜过多，确保小组内可开展激烈的讨论，但是不能由于人数过多而造成合作过程失控；另一方面，小组内的成员应各具特点，在合作过程中做到优势互补，发挥合力的作用。

通过对小组互助合作学习模式的研究，笔者根据学生的兴趣爱好、知识基础、学习能力、心理素质等，以学生自愿为原则进行了综合评定，把班级学生分成A、B、C三类，然后每组两个A、两个B、两个C组成6人小组，其中两个A

做组长，分别帮扶两位C同学，另设记录员、检查员、汇报员等。组内成员有明确的分工，在每一个阶段每人都有相对侧重的一项责任，担任一个具体的合作角色，真正做到小组内人人有事做，事事有人做。一段时间后，笔者对组内人员再一次进行综合评价和角色互换，使每个成员都能在不同的位置上得到体验、锻炼和提高。在座位安排上，每个小组坐在一起，前后分别是A和C搭配，中间是两个B同学，方便组内帮扶和讨论，不同的组与组之间A和A相邻，以便对较难的问题进行组间交流和讨论，从而使“学优生”能充分施展才能，中等生能得到锻炼，“学困生”也可以得到进步和帮助，使信息资源共享、成功喜悦共享。

在小组互助合作学习过程中，教师应注意引导学生之间开展深入的交流与合作，针对教师提出的问题或者设置的任务情境，积极发表自己的见解，认真聆听组员意见，同时注意组内应明确分工，发挥协作与配合的重要功能，才能对提高学习效率起到事半功倍的作用。另外，在开展小组互助合作学习过程中，教师应给予必要的引导，若发现学生在讨论过程中遇到问题，要及时将他们引入正确的思考方向，让学生在小组互助合作的过程中体会交流与分享的快乐，并从中解决实际的数学问题，总结数学规律，实现学习目标。

二、创设有效的教学情境

在小组互助合作学习过程中，应强调学生的主体意识。学生只有对小组互助合作学习模式产生兴趣，才能全身心地参与到小组合作中，发挥自身的积极作用。因此，在课堂教学过程中，教师应注意营造良好的课堂氛围，为学生创设一个合作情境，激发学生的学习热情。

对于学习过程中的重点与难点，如果教师直接将解题方法告诉学生，可能当时学生能够掌握并理解，但实际上印象并不深刻，之后在解答类似题目时，仍会遇到思想障碍；如果通过采取小组互助合作学习方法，让学生亲自参与到解题过程中，自己动脑思考、动手操作、合作探究，就可以让学生掌握解题思路，在之后的学习中做到举一反三。例如，笔者在讲授“已知两边和其中一边的对角，解三角形，共有几种解题方法”一题时，以前采用传统的教学方法，学生能听懂笔者如何解题、使用了几种方法，但是自己在做题时思路就不是很清楚，即使笔者讲解之后，仍然有学生感到疑惑。现在笔者把这个问题分给学习小组，让他们自己去探究。学生通过亲自体验解答题目的过程，参与到解题情境中，学习热情高涨，主动思考、积极讨论，对该问题掌握得较清晰，真正成为了学习的主人，充分调动了主观能动性。

要使小组互助合作学习富有成效，在教学情境中一定要精心设计讨论问题。所创设的讨论问题一定要有利于小组的讨论和互助，不能太简单，若从书本上能找到答案，就不能有效地讨论，但是也不能太难，若超过学生应有的水平，会让小组无法讨论。因此，在设计讨论问题时应注意以下四点：一是讨论的问题要具有开放性；二是讨论的问题要难易适中；三是讨论的问题要有梯度和层次；四是讨论的问题要有内在联系和逻辑性。只有紧紧围绕新课程标准和教材的重点、难点来设计讨论问题，才能让学生在生动有趣的问题情境中带着思考、带着热情去主动探索，充分利用已有的知识经验有效地解决问题，从而获得成功的愉悦。

投资理财中的数学

创设情境

同学们，党的富民政策使人民的生活水平逐步提高，现在大部分家庭都有余款，怎样使余款既能够保值又能够取得更多的收益呢？同学们能不能利用学过的知识来尝试实践一下如何进行投资理财？这节课我们来看看大家的“20 万元 5 年期投资理财计划”，请同学们先自主思考，然后在小组里互相交流一下，每个小组拿出一份计划书，再推荐代表上台展示。

小组合作

这个有意义的、开放的、富有挑战性的问题情境“一石激起千层浪”，课堂立刻热闹起来，各组同学各抒己见。教师巡视课堂讨论情况，适时点拨、引导，教师成为小组互助合作学习的合作者、引导者和促进者。

集体讨论、展示成果

要求：每位同学认真听取他人的计划，研究一下各组的设想与收益计算有无问题，并提出自己的看法或建议。

代表 1：先来看看银行存款利率表：

期限	1年	2年	3年	5年
利率	2.25%	2.70%	3.24%	3.60%

我们把20万元直接存入银行5年，到期就可以得到利息 $200\ 000 \times 3.60\% \times 5 = 36\ 000$ 元，这样做既保险又省事，不足之处是利息少了点。

代表2：我们也是把钱存入银行，但是与上一组的方法不一样，我们把20万元存入银行1年，到期后再把本金和利息一起取出来再存1年，以此类推，到期就可以得到利息为 $200\ 000 \times (1+2.25\%)^5 - 200\ 000 = 23\ 535.54$ 元，虽然利息比5年定期少，但如果中途有什么急用就比较方便。

代表3：我们选择投资房地产，如果用20万元买一套房，再租出去，每月大约能收租金600元，考虑到5年内不可能每月都能租出，若租出率为80%，则5年大约能得到 $600 \times 12 \times 5 \times 80\% = 28\ 800$ 元。如果折成利率则为 $28\ 800 \div 5 \div 200\ 000 = 2.88\%$，虽然利率不是很高，但考虑到房产的升值空间，这样还是可取的。

代表4：广州的经济支柱产业为皮革、家纺、电子，我们可以为家乡的特色经济建设出一份力，同时考虑到经商的风险，我们把20万元分5次平均逐步投入，并且将上一年的投入资金与利润继续作为下一年的经营资金，投入再生，若每年的收益为10%，则收益1 $= 40\ 000 \times (1.1^5 + 1.1^4 + 1.1^3 + 1.1^2 + 1.1) - 200\ 000 = 68\ 624.40$ 元；同时将每年不投入经营的资金存入银行，则收益2 $= 40\ 000 \times [(1+2.25\%)^4 + (1+2.25\%)^3 + (1+2.25\%)^2 + (1+2.25\%)] - 160\ 000 = 9\ 204.79$ 元。总收

益 = 收益 1 + 收益 2 = 68 624.40 + 9 204.79 = 77 829.19 元。

（全班同学都被该组同学的投资理财计划所折服。）

（随后，其他小组继续讨论投资股票、建材、开服装店，此略。）

教师：各小组同学各抒己见，表现非常好，同学们的积极性很高。你们在投资理财方面的意识和能力超出了我的想象，但在整个经济运作中，有一个东西不能忘记，那就是“税”。你们对它了解多少？

学生 1：我妈妈在银行工作，听她说过，银行的利息要扣除 20% 的利息税，也就是说，利息税 = 利息 ×20%。如果是 500 元利息的话，扣税后真正能拿到的利息只有 500 × （1 - 20%） = 400 元。

教师：这位同学说得很好，凡是还没有扣除利息税的，大家还要重新计算一下真正能得到的利息。

学生 2：我爸爸是国税局的，经常要到企业去查税，企业要根据产值和利润上交增值税。

学生 3：听说月工资在 2 000 元以上要交个人所得税。

教师：从 2011 年 9 月 1 日开始，个税起征点已调整为 3 500元。纳税是每个公民应尽的责任，同时也是为社会作贡献。

反思

教师：今天我们通过小组互助合作学习，让数学与生活贴得更近了。最重要的一点是，我们能应用数学知识模拟解决生活中的实际问题，同时还设计了许多计划。你们经过这次活动有些什么收获呢？

学生4：通过这节课的学习交流，我初步知道了怎样投资理财，在设计投资理财计划时既要考虑收益尽可能大，也要预测可能出现的风险，更要注意遵纪守法，上缴税款。

学生5：本来我的想法有较大的局限性，但通过组内交流，完善了计划。听了各组的交流后，我开阔了眼界，不仅学到了数学知识，还学到了一些生活常识和经济常识。

学生6：原来我以为数学只是做做练习题，和我们的生活没有多大关系，但通过这次学习，我懂得了学习数学的重要性与应用的广泛性，对数学更加感兴趣了，我们应该学会用数学眼光看世界。

教师：今天这堂课令我很感动，一方面同学们能合作、互助、共同提高，另一方面我觉得今天我好像不是在“教”数学，而是在和同学们一起在“做”数学。没有这个问题情境，我们就不会思考这么多；没有相互的合作，就没有这么多成果；没有小组的交流，就不会增长这么多知识。因此，注重小组互助合作学习，往往会出现很大的惊喜。

三、提高师生关系的和谐性

新课程标准要求教师必须摒弃原有的教学观念，解放思想，相信学生，在课堂教学中贯彻“以生为本”的精神，意识到奠定学生主体地位的重要性；同时，教师作为课堂教学的引导者与组织者，也应发挥积极作用，只有教师加强与学生的互动、交流，与学生之间产生良好的感情，才能以教师的人格魅力感染学生，帮助学生树立终身学习的意识。因此，在高中数学小组互助合作学习过程中，需要师生合作、生生合作、师师合作，教师不能作为旁观者，而应亲自加入到学生中，与学生共同学习、共同探讨问题、共同进步，这样就转变了过去课堂教学中教师“一言堂”的模式，营造了宽松、和谐的课堂氛围，提高了学生学习的主动性与积极性，使学生能自主探索数学问题、总结数学规律，加深对学科的客观理解。另外，通过小组合作过程中的思想交流与思维碰撞，学生发表个人独立见解，也更有利于其创造性思维的养成。教师进一步挖掘学生的潜力，有针对性地加强指导，不仅积累了丰富的教学经验，也提高了教学效率。

教师在小组讨论、集体交流中不是旁观者，也不只局限于讨论的组织者，而应经常参与到学生的探讨之中，引导学生说出自己的观点，和学生一起讨论，逐渐培养学生发言的习惯和兴趣，促使学生形成一种自我完善的心理需要。在小组互助合作学习中，教师与学生之间原有的“权威—服从”关系逐渐变成了“指导—参与”关系，师生的合作交流不仅优化了教学的课堂氛围，还促进了学生对数学的理解，同时学生们的独特见解也丰富了教师的教学经验，使以教师为主导和以学生为主体达到充分统一。

四、发挥评价的积极作用

传统教学的课堂评价往往集中于学生对知识的掌握程度，或者采用试卷测验的方式，评价方法单一、片面，缺乏客观性。实际上，对于高中生来说，他们由于所处年龄阶段的特殊性，对成功有一定的渴望，期待获得教师的肯定与鼓励，以此获得学习的动力。因此，教师应把握小组评价的契机，组织各组成员开展积极的自评与互评，让学生更加客观地认知自我，在评价中做到取长补短。另外，除了对课堂上小组讨论、小组展示和小组点评等小组互助合作学习的过程进行系统评价以外，对小组互助合作学习的态度、学习方法、学习能力、合作结果等也要进行综合评价，以让每一位学生发现自身的不足，明确今后努力的方向。教师评价的方式应以小组积分制和鼓励性语言为主，如“非常棒”、“我相信你会做得更好”等，以帮助学生树立信心，调动学生的积极性，引导他们逐渐走向成功。这样不仅发挥了小组互助合作学习模式的积极作用，更实现了科学化的教学评价，促进了学生健康成长。

小组互助合作学习中的评价应更多重视对团队的评价。它关注的是活动过程中所有成员的参与度和活动结果中所有成员的总成果，而非学生个体的表现。为此，教师要引导学生正确认识合作的团体小组，可采取以下策略：①为小组取个富有含义的名字，把小组看成自己的“小家庭”；②引导学生正确看待组内其他成员，把他们当作自己的亲密伙伴，增强互相帮助、共同进步的团体意识；③引导学生正确看待组间成员，所有小组的成员之间都是平等的，都是自己的朋友，既有合作又有竞争。这样有助于培养学生的交际能力，有助于形成凝聚力，培养学生的团队精神。

总之，在高中数学课堂采用有效的小组互助合作学习模式，可激发学生的创新意识与思维能力，也可引导学生热爱学习、学会学习，养成良好的学习习惯，让学生真正成为课堂的主人，并且意识到数学存在于生活的方方面面，调动学习的积极性。小组互助合作学习模式有助于学生不断努力、不断探究，提高合作意识，与素质教育目标需求相一致，有利于培养社会发展中急需的复合型、实用型人才。

小组互助合作学习在高三政治教学中的实践与探索

一般来说，同一班级的不同学生之间个体差异性较大。在“齐步走”的传统授课模式下，对所有学生“一刀切”，教学时统一内容、统一要求，势必造成“学优生”“吃不饱”、“学困生”“吃不消”。为使每个学生都能获得充分发展，小组互助合作学习就是一种有益的探索。

一、小组互助合作学习的理念分析

（一）小组互助合作学习的内涵

《基础教育课程改革纲要（试行）》倡导“自主、合作、探究”的学习方式，改变原有单一、被动的学习方式，建立和形成旨在充分调动和发挥学生主体性的多样化的学习方式，促进学生在教师的指导下主动地、富有个性地学习。因此，合作学习是学生学习的重要方式之一，它是在教师的主导下群体研讨、协作交流、知识技能互补的一种学习方式。合作学习也是一种社会型学习模式，致力于构建一种学习群体，通常以小组互动合作学习为主要形式。小组互助合作学习的内涵包括以下四个方面：①小组互助合作学习是以学习小组为基本形式的一种教学活动。②小组互助合作学习以教学中的各种动态因素的互动互助为学习的动力资源。③小组互助合作学习是一种以目标为导向的教学活动，教学目标的设计、确定和管理是其中一个非常重要的教学环节。④小组互助合作学习是以小组整体的成绩作为奖励依据的一种教学活动。

（二）小组互助合作学习的理念

1. 小组互助合作学习符合以人为本理念

以人为本表现在教育上，就是以教师为本和以学生为本。以教师为本就是要相信教师、尊重教师、依靠教师、发展教师，为教师创造良好的工作环境，使教师心情愉快、高效率地工作，并在工作中取得更好的成效。以学生为本就是相信学生、尊重学生、依靠学生、发展学生，尊重学生的成长规律和合理需求。

《基础教育课程改革纲要（试行)》要求我们的教育必须转到以学生发展为本的方向上来：①教育目标：培养真正全面发展的人。②教育价值：奠定可持续发展的素质基础。③教育本质：实现师生的共同成长与发展。④教育民主：关照并尊重学生的个性。⑤教育形式：在生活、活动、实践中学习。⑥教育评估：以评价促进发展。⑦教育成本：充分利用各种教育资源。⑧教育管理：自主的组织、学校、教师和学生。

2. 小组互助合作学习符合全人教育理念

新课程使学生学会做人、学会求知、学会生活、学会审美、学会健体、学会创造，使学生得到全面、和谐发展，体现出全人教育理念。将知识与技能、过程与方法、情感与价值观三个方面进行整合，体现了新课程促进全人发展的价值追求。新课程实施倡导学生主动参与、乐于探索、勤于动手，有利于培养学生收集和处理信息的能力、获取新知识的能力、分析和解决问题的能力以及交流与合作的能力。本次课程改革具有以下特点：第一，注重课程目标的完整性，强调学生的全面发展；第二，注重基础知识的学习，提高学生的基本素质；第三，注重发展学生的个性；第四，着眼于未来，注重能力培养；第五，强调培养学生良好的道德品质。

3. 小组互助合作学习符合回归生活理念

课程应成为学生真实而生动的生活世界，在这里，学生可以自由地展示自己的智慧和情感，学会自主、学会选择、学会创造。向自我开放的课程还意味着人性的回归，人的情感、品质、人格、技术、知识等不再成为待价而沽的商品，人的尊严、价值、自我意义、个性得到了张扬，科学理性的控制本性和功利取向得到了修正。

4. 小组互助合作学习符合“多元互动”教学理念

“多元互动”教学理念倡导教学民主，建立平等和谐的师生关系。“多元互动”教学策略的设计与实施是以最大限度地调动师生的积极性、创造性为目标，以开发师生双方的潜能为宗旨，主张在教学过程中教师的“教”应为学生的“学”服务。

新课程强调，教学是教与学的交往、互动，师生双方相互交流、相互沟通、相互启发、相互补充，在这个过程中，教师与学生分享彼此的思想、经验和知识，交流彼此的情感、体验与观念，丰富教学内容，求得新的发现，从而达到共识、共享、共进的目的，实现教学相长和共同发展。

二、小组互助合作学习在高中政治教学中的实践与探索

（一）知识框架图的建构

1. 课前布置任务

（1）给学生4天的时间阅读每本书，从整体上把握整本书的知识体系，明确每本书的重难点。必修1可采用核心关键词联想法，必修2可采用主体归纳法，必修4可采用四大模块归纳总结法。

（2）让学生在上课前一天把建构的知识框架图以小组形式交给教师集体批阅，教师圈画出其中有问题的地方。

2. 课堂活动

（1）教师整体点评各小组知识框架建构的情况，表扬做得不错的小组和个人。教师对框架图的及时反馈非常重要，因为教师的点评实际上是对学生在方向上的一种指导。

（2）给学生8分钟的小组交流、讨论时间，让学生把本组中比较好的知识框架思路和大家一起分享，在讨论过程中加深对知识内在联系的了解，对于整本书重难点知识的把握也会更准确。

（3）给学生6分钟的脱稿展示时间，每个小组抽一个同层次的同学在黑板上展示。展示环节一方面是给学生大胆展

示的平台，另一方面是形成督促学生积极、认真参加讨论的压力和动力，因为每个人代表的是整个小组的荣誉，所以大家必须认真对待。

(4) 在20分钟的点评时间里，每个小组长代表本组讲解本组所建构知识框架的思路，在点评过程中也会穿插教师的点评。这一方面锻炼、提高了学生的语言表达能力，加深了他们对于知识的理解程度，另一方面也培养了教师的小教员，实现了“兵带兵”的方式。

(5) 在最后5分钟左右的课堂小结里，教师应对每个小组的亮点给予表扬，但对于错误的地方要及时加以纠正，并且要给每个小组一个评价。对于大家的表现，点评应以积极的鼓励为主，因为学生能够大胆地进行展示已经非常不错了，所以教师的评价最初阶段还是以鼓励为主。

(二) 主观题讲评课

在政治课学习中，政治主观题具有极其重要的地位。可通过以下方法培养学生对材料进行分析、归纳、整理及论证的能力：

(1) 课前要求学生完成教师布置的主观题，课堂上进行小组讨论，交流本组在答主观题时的好方法，重要的不是题目本身，而在于遇到同类型的题目该如何作答，目的不是给别的同学带来多大启示，而是对自身的锻炼和提升。学生学会把自己的方法进行整理、归纳和总结，对自己以后做题是一种更好的指导。笔者在不同层次的班级进行了尝试，获得了意想不到的收获，但是也有一些不足的地方，如学习目标不明确、学生讨论的内容都比较浅显、没有真正地深挖等。

（2）教师若课前布置学生独立完成主观题，上课后直接给答案，然后再让学生进行讨论、交流，接着进行展示和点评，这种方式容易让学生只是去记答案而没有真正进行深入的思考。因此，教师在课堂上给答案时，展示的不应是答案本身，而应解释这道题的答案为什么这样生成，也就是答题思路是怎么形成的，注重的是学生如何进行思考，以及对于设问和材料全面、准确的把握。例如，笔者针对每个设问都进行了以下步骤：

模块限定	
材料限定	
主体限定	
结合设问，材料中提示的关键词	
设问转化为跟原理对接的问法	
考查的具体知识范围	
题型	

三、小组互助合作学习应注意的问题

（一）注重导学案编制

导学案的编制在注重基础知识的同时，更为注重的是导学案中问题的设置能够让学生真正动脑筋去思考，换句话说，就是要让他们的思维动起来，思维的活跃才是真正的活跃。但问题也不要设置得太难，否则学生不懂回答就没有了意义。

（二）培养小组长

班级中小组文化建设和科任教师应对本科小组长进行必要的培养，要让本科小组长的作用充分发挥出来。小组中小组长的确定与培养是小组互助合作学习成功的重要因素，因为许多活动均要依赖于小组长的工作。确定小组长后，还需要利用平时课余时间加强与小组长的交流，逐步培养小组长的责任意识。同时，在班级中还要帮助他们树立权威，以发挥整体效应。

（三）重视小组互助合作学习中的“弱势群体”

在小组互助合作学习中，合作成果是共同的财富，不能认为每个人的能力都是一样的。不同的人出的力不一样，所以对于知识的掌握程度也不同。这个时候我们可以对那些基础较差的同学进行强化训练，让他们在感受学习乐趣的同时学到知识。

（四）注重与信息技术的整合，让小组合作的信息来源与时俱进

要在有限的课堂时间内凸显课堂教学实效，就需要把思想政治课与信息技术相整合。可让学生在课余时间充分利用网络平台这个交互式学习环境，利用互联网处理已经获得的信息。教师可以提前把一些信息放在网络共享空间中供大家

使用，学生可以按照自己的学习基础、学习兴趣来选择所要学习的内容，选择不同难度、深度、广度的问题。这样能够有效地扩大学生的视野，拓宽学生的知识面，使学生学到更多有利于创新的科学知识。信息技术的运用，提高了学生的信息化意识，激发了学生的好奇心、进取心和求知欲，增强了学生的创新意识。

四、在小组互助合作学习中有待深入研究的问题

（一）学生层次不同，学习合作参与度不均

通过不断尝试，小组互助合作学习确实大大增加了学生的参与机会，并能让学生更好地发挥自主性，成为学习的主人，在学到知识的同时也大胆地展示了自己，这是非常不错的。但“学优生”参与自由发言和小组汇报的次数明显多于“学困生”，这导致在小组合作学习中“弱势群体”的出现。该如何改变这种状况是需要认真思考的问题。

（二）分组活动时间有限，学生合作不充分

在组织合作学习时，也存在这样的情况：学生才开始合作几分钟，刚进入状态，有个别小组先完成了，为了赶时间和进度，不得已就急着让各小组汇报成果，然后匆匆进入下一环节，把合作学习变成走过场，太过于形式化而忽略了更为本质的东西。该如何处理好课堂的容量和知识的落实之间的矛盾是目前面临的又一个问题。

（三）讨论、展示和基础知识记忆、默写的时间分配不合理

由于讨论、展示的环节势必占用课堂的大部分时间，因此平时每节课的默写时间就缩短或没有了。虽然学生学会了分析材料，但是如果没有基础知识的积淀，那肯定是不行的。对此，笔者尝试使用了一些办法，如把几节课的知识点整理在一起，让学生集中在一节课进行默写，但是后来发现学生的工作量太大了。把很多知识浓缩在一节课去默写，对于涵括很多知识点的政治课来说很不现实，学生受不了，效果也没有出来。如何能够找到更好的方式来很好地处理这一时间分配问题仍有待探讨。

真正的教育是心灵的成长和灵魂的感召，绝不是简单的技术操作。教师的素质永远是课堂成败的关键，教师的博学睿智、自信从容、机智幽默、激情洋溢永远是高效课堂的催化剂，作为教师，无论什么时候都应不断提高自己的专业水平和教学智慧。

小组互助合作学习在高中生物教学中的实践与探索

在教学过程中，很多教师都会有这样的困惑：为什么学生经常辨不清很多名词概念？为什么教师越讲越投入，学生却越听越乏味、越听越糊涂？为什么教师重复讲很多次的知识，学生还是理解不了、掌握不了？为什么学生平时没问题问，考试时却问题多多？为解决上述困惑，我们进行了以下探索：

一、小组互助合作学习的效能

从 2010 年到 2013 年，我校进行了以小组互助合作学习为核心的课堂研究与实践，结果发现，在课堂上实施有目标、有目的、有秩序、有节奏、有内容、有结论、有展示、有评价的小组互助合作学习，教学有效性能得到显著提高。具体表现如下：

（一）学生踊跃参与

以前的课堂是“学优生”的舞台，其他学生则缺乏自信心，不敢把自己的观点表达出来，导致与“学优生”的差距越来越大。而自开展小组互助合作学习以来，由于强调小组中每个成员都应积极参与到学习活动中，要求学习任务由大家共同分担，集思广益，各抒己见，人人都尽其所能，每个学生都有发言的机会，从而踊跃参与。

（二）锻炼了学生的合作能力

各小组要根据实际情况安排小组成员发言，充分考虑知识的困难程度和学生的发展水平，对于不积极参与的同学还要进行扶助，因此提高了学生的合作能力。目前大多数学生都具备了合作能力。

（三）培养了学生的人际交往能力

在小组互助合作学习中，为了实现共同的学习目标，小组成员必须相互了解、交流、帮助，还要解决好潜在矛盾，这就锻炼了学生的人际交往能力。

（四）学生解决问题的能力有较大提高

小组合作计分的方式让“学困生”有了一定的压力，为了尽可能不给小组拉低分和不让小组成员埋怨自己，这些学生必须认真对待各科学习。在互助之下，学生解决问题的能力有了较大提高。

二、小组互助合作学习的模式

小组互助合作学习其实也有教育心理学上的实证支持，有一项大规模的教育心理学研究特别能支持这一合作学习模式。这项研究发现，不同的教学方式产生的教学效果是大不相同的，学生对所教内容的平均回忆率为：教师讲授5%，学生阅读10%，视听讲用20%，教师演示30%，学生讨论50%，学生实践70%，学生教别人95%。[①] 尽管有了实证依据，但如何去操作和实施依然是一个难题。所幸在广州市教科所专家的指导下，课题组总结了一套小组互助合作学习模式：自主→合作→展示→点评→小结，环环相扣，高效达成教学目标。

（一）合作学习建立在独立思考的基础之上，先自主后合作

1. 自主学习是合作学习的前提

学生只有认真思考过、总结过，在小组合作的时候才有发言的信心，才能提出问题或解决问题。否则只能做一个倾听者，有时甚至连听都听不懂。所以只有将自主学习落到实处，合作学习才能有的放矢。

2. 合作交流是自主学习的动力

在马斯洛的需要层次结构中，自我实现是成长需要的最

---

① ［美］M. 希尔伯曼．积极学习：101种有效教学策略．陆怡如译．上海：华东师范大学出版社，2005.

高层次。合作学习给每一个学生创造了很多在小组中自我实现的机会，在展示与点评环节，学生又有了很多在班级中自我实现的机会。

3. 自主学习必须有导学案的引导

有了导学案的引导，学生的自主学习才有方向。引导可以是任务驱动式，也可以是问题驱动式。例如，笔者在人教版高中生物教材选修 3 专题 3 “胚胎工程” 的新授课导学案中设置了以下供学生自主学习的六个课题：

课题 1：总结本节出现的新名词并解释，请将新名词写在下框中。

课题 2：试管婴儿

资料：

人民网 2011 年 10 月 27 日电　恒基兆业地产集团创办人李兆基抱男孙心愿实现，他仍然独身的长子李家杰借助新科技代母产子，于今年 7 月得弄璋之喜，更一举成为 “三胞胎” 父亲，三儿分别取名智信、智仁、智勇。首次抱得男孙的李兆基喜出望外，除在家中特设育婴室外，又向医院捐款 2 000 万元，及向恒地员工每人发放 1 万元利是，总数达 3 300 万元，为孙儿带出 “三三不尽” 的吉祥意头。李兆基兴奋地表示：“三个男孙好精灵、好健康！” 又形容：“开心过赚大钱!”

据香港《文汇报》报道，“四叔”李兆基不仅拥有市价数千亿元的上市公司王国，最近更圆抱男孙心愿。据最新一期的《东周刊》报道，现年47岁的李家杰为达成父亲李兆基心愿，早前到美国找代母，花逾百万元以试管婴儿新科技产子，成为“未婚爸爸”，更“一索得三男”。三儿于今年7月出生，取名智信、智仁、智勇，成为千亿王国的第三代大热接班人。

任务：请根据所学知识总结获得试管婴儿的步骤，及每个步骤的具体技术或做法（要求尽量简练）。

步骤	方法
（1）卵母细胞的采集	用促性腺激素处理母亲，然后从输卵管中冲取卵子
↓	

课题3：卵母细胞的采集和培养

（1）总结卵母细胞的采集方法和具体做法。

（2）卵母细胞在体外培养的技术叫什么？要培养到什么阶段？

课题4：精子的采集和获能；体外受精

（1）收集精子的方法有哪些？

（2）精子如何在体外获能？

（3）阅读课本第72页图3－14回答：哺乳动物体外受

精过程涉及细胞工程的什么技术？体外受精需要怎样的环境？

课题5：总结胚胎的早期培养要点（如环境要求、培养液成分、培养到什么阶段等）。

课题6：

（1）通过自主学习后，你还有什么疑问，请写在下面的方框内。

（2）通过合作学习，你已经解决了哪些疑问，请将已经解决的疑问用红笔划去。

4. 灵活运用不同类型的导学案

比较常见的导学案主要有两种形式：一种是以填空为主，另一种是以任务和问题为主。不管哪种类型的导学案，在设置问题、提供素材时，都要给学生留出探究问题的空间，要能引导学生积极质疑问难，甚至鼓励学生重新组合材料来思考问题，寻找解题思路，领悟出题意图，这对提高学生分析问题和解决问题的能力帮助极大。[①] 填空式的“导”很束缚学生的思维，不应过多采用这种单一的方式。“导”的方式

① 胡杨．学案教学打造高效课堂．语文教学与研究（综合天地），2011（4）．

可以多元化，表格、概念图、流程图、模式图等方式的灵活运用，可以让学生在自主学习中多一些思考。下表比较了这两种不同类型导学方式的优缺点：

类型	优点	缺点
以填空为主的导学案	能帮助学生识记生物学基本概念和基本原理，学生能再认或重认相关知识	学生对知识的理解不够透彻，不能将知识应用于不同的情境中
以任务和问题为主的导学案	学生在完成任务和回答问题的同时理解了相关知识，并将知识应用于教师设置的任务和情境中	不能实现基础知识的落实和知识系统化

不管是哪一种导学案，都要注意问题的设置，要给学生提供提出问题的机会，并且任务和问题要设在学生的“最近发展区”，设置的问题或任务要情境化、具体化。有了合作、展示的驱动，学生必然会针对任务和问题积极思考，主动阅读，自觉地参与到自主学习和合作学习中来。需要注意的是，导学案若导得太细致，学生无须思考，这种自主学习就太表面化，不能启发学生的思维；若导得太泛，方向不明确，学生则天马行空，不能完成学习目标。只有处于学生“最近发展区”的“导”才能既启发学生思维，又高效地完成教学任务，这样的“导”才能让学生真正地自主学习。

（二）合作学习因讨论而激烈，因展示而精彩，因点评而丰满，因小结而巩固

有了导学案中任务和问题的指引，就不再规定学生该讨论什么、不该讨论什么。完成导学案后，要规定一定的时间让学生讨论，讨论完后要让学生将自主导学案那六个课题在黑板上展示出来（这种教学模式需要更多的黑板）。具体如下：

活动要求：快速入助、快速入静，脱稿展示。

<table>
<tr><th>展示任务</th><th>展示前讨论安排</th><th>展示中讨论安排</th><th>展示人员</th><th>点评人员</th></tr>
<tr><td>课题 1</td><td rowspan="3">1、2、3 组</td><td rowspan="3">4、5、6 组</td><td rowspan="6">第一轮讨论后由教师决定</td><td rowspan="6">第二轮讨论后由教师决定</td></tr>
<tr><td>课题 2</td></tr>
<tr><td>课题 3</td></tr>
<tr><td>课题 4</td><td rowspan="3">4、5、6 组</td><td rowspan="3">1、2、3 组</td></tr>
<tr><td>课题 5</td></tr>
<tr><td>课题 6</td></tr>
</table>

每个小组为了在展示、点评中脱颖而出，在讨论的时候就会很有针对性地去解决存在的问题，讨论异常激烈，提出的问题也很有价值。这个时候教师可以进行巡查，适时地帮助小组解决问题和发现问题。例如，学生在讨论选修 3 第 72 页哺乳动物体外受精过程时问了这样一个问题：“为什么精子要冷冻?”笔者是这么回答的：“假如我们在美国获得了优良动物品种的精子，要带回中国才能进行体外受精，那该如

何处理?”学生追问:“冷冻精子不会死吗?”笔者答:“有没有听说过有些女明星开始冷冻卵子?这说明什么问题?”于是，学生们开始了“异想天开”:“所以青蛙冬眠就相当于被冷冻”、“听说有人得了不治之症后，将之冷冻，等到人类能治疗这种疾病之后再将其解冻”……思维的火花在讨论的过程中迸发，这不正是传统教学所缺乏的吗?

展示的结果如何，由教师和学生一起点评:学生点评到位，教师不出声;学生点评不到位，教师适时助评。这样，学生对知识更加明确，自身的知识系统更加丰满，学习能力也得到提升。

最后教师进行小结，针对全班各个小组的互助合作学习情况进行反馈，对知识点及时进行巩固，把小组学习的成果与全班同学分享，追求更高层次的共识。

三、小组互助合作学习的注意事项

(一) 科学编组

小组互助合作学习的形式是多种多样的，有的是学生之间由于学习的需要随机自由组合的小组，有的是按学生身高编排座位前后桌自然形成的小组。笔者任教的班级是以六人为一个小组。在编组时先让学生根据兴趣、爱好自由组合，然后再考虑男女生的能力与智力差异及个性差异等方面情况进行合理的调换。每小组自主选定一个负责人，负责组织讨论和纪律提醒。学生以小组为单位，平等讨论。

（二）确定责任

明确责任是小组互助合作学习得以持久进行的重要保障。小组每个成员之间要有具体而明确的分工。例如，由一号同学担任小组讨论的组织者，二号同学做记录人等。这种角色扮演是轮流转换的，本次课的一号组织者，下次课可能担任二号记录人，这样可为每个学生提供各种角色扮演的机会。

（三）教给方法，引导方向

为了切实落实小组互助合作，教师要向学生阐明小组互助合作学习的意义和方法，如教给学生倾听的方法：要求学生一边听一边想，努力理解发言者的要点，将发言者的观点与自己的问题联系起来思考，不断发展和完善自己的观点，并对别人的发言作出评价。教师还要教学生学会质疑，遇到不清楚之处要请求对方作出说明和解释。教师还要在各个小组之间巡查、答疑，引导学生以客观的态度接受别人的正确意见，不断提高互助合作解决问题的能力。

（四）创设有利于对话的情境

教师要善于营造激励探索与理解互信的氛围，营造有利于对话的情境，引导学生在对话中平等地交流，形成小组共识，把小组共识拿到班上交流，再次形成全班共识，最终使学生形成对知识的正确理解。

高中生物课堂小组互助合作学习的教学尝试与反思

早在两千多年前，《学记》就有“独学而无友，则孤陋而寡闻”的记载，强调学习者在学习过程中合作的重要性。但是，我国传统教育大多采用竞争性奖励结构的教学，强化个人竞争，忽略群体（个体与个体、个体与群体甚至社会之间）能效的应用，导致部分学生在学习过程中不能形成良好的合作意识和能力，缺乏与人沟通和交际的素质，从而使学习效果不能达到最佳。

新课程改革强调学生学习方式的转变。小组互助合作学习作为课程改革积极倡导的有效学习方式之一，它“鼓励合作学习，促进学生之间的相互交流，共同发展，促进师生教学相长”。小组互助合作学习是对传统的灌输式或者师传生受的单向式教育教学方式的变革，它是建立在现代教育学、社会学和心理学等理论基础之上的，符合“大面积提高教育教学质量的要求”。它不仅体现了现代教育的科学原则，也体现了在“以人为本”时代呼声的背景下教育对学生的人文关怀。

一、高中生物课堂小组互助合作学习的必要性与可行性

在生物教学过程中，教师很容易将课堂知识与自己身边的现象或事实联系起来，学生也能够把这些现象或事实与理论联系起来。其实，教师完全可以将这种理论联系实际的机会留给学生，这样可以避免因长期教师单方面讲授而压抑学生的表现欲。从心理学上分析，青春期表现欲极强的学生若能够在课堂上表现自己，就是对自我价值的一种实现，从而获得一种成就感，进而激发上进心。这就要求教师在教学过程中重视学生个体价值的实现，而小组互助合作学习就是将机会留给学生，让学生在小组讨论中充分表现自己，并通过小组成绩将自己的价值体现出来。不仅如此，要真正把所学知识应用到实践中去，并不是独立的个体所能完成的，而需要群体的协作，群体协作的效果取决于群体成员的协作能力。通过合作学习，既达到了学习的目的，又培养了学生与人和谐相处的协作精神和能力。学习小组内部进行探讨，异质学生之间互补，小组内部发现问题，“学优生”为“学困生”进行讲解，既可以帮助“学困生”理解概念，也可以加深“学优生”对知识的理解。通过合作学习，全班学生各尽其能，和谐相处，这样可以调动全体学生的学习积极性，使学生对课堂产生更浓厚的兴趣，从而提高学习效率，有效提高学生的自身素质与能力，包括与其他人合作的能力、表达自己思想的能力、容忍其他与自己不同见解的能力、综合各方面知识的能力、判断结论正确与否的能力。

二、高中生物课堂小组互助合作学习的案例分析

以前笔者讲课的时候会制作精美的幻灯片，引导学生去识图、分析，但整堂课还是以笔者讲为主，大部分学生都是被动地接受笔者讲的知识。学生的掌握情况如何，有没有达到预期的教学目标，笔者没有把握。下面笔者以人教版高中生物教材必修3第五章第三节“群落的结构”为个案，剖析高中生物课堂小组互助合作学习的具体策略。本案例是笔者在学校倡导的课堂小组互助合作学习教学模式的大背景下，于2012年12月尝试的。

课前准备

1. 教师准备：提前一天发给学生导学案，学生完成预习案和探究案，制作课件。

2. 学生准备：共成立9个合作学习小组。6人为一组，前面三桌和后面三桌组合，讨论时前面三桌一转过头就可以和后面三桌相互交流。组内学生成绩有差异，即组内异质。每小组6人当中有一位学习成绩较优异，三位中等，另两位较次。不同组之间的学习成绩应大体相同，即组间同质，以利于各小组之间的学习竞争。每个学习小组推选一位同学为小组长。

导学案呈现

【学习目标】

1. 识别群落，说出在群落水平上研究的问题，掌握种间关系和群落的空间结构。

2. 提高图像分析和转换能力。

3. 独立学习，小组合作，通过举例掌握种间关系的类型。

【预习案】

1. 生命系统的结构层次包括哪些？

____

2. 群落：__________内聚集在__________中__________的集合体。

3. 群落的__________是区别不同群落的重要特征。

4. 群落中__________称为丰富度，不同群落的丰富度__________，就我国从东北到海南的木本植物的丰富度来说，越靠近__________，单位面积内的物种越丰富。

5. 生物种间关系包括__________、__________、__________、__________。

6. 群落的空间结构包括__________结构和__________结构。

【探究案】

课题 1：群落的概念及特征

1. 请说出你对群落概念的理解。

____

2. 阅读课本第 71 页后回答：群落有哪些特征（或在群落水平上研究的问题）？

____

3. 研究群落的基础是什么？群落的物种组成的衡量指标是什么？

____

针对训练：

下列实例中，不能构成群落的是：(　　)

A. 西双版纳的热带雨林

B. 青藏高原上的高山苔原

C. 海南岛清澜港保护区的红树林

D. 大兴安岭的全部红松

课题 2：反映种间关系的实例

1. 阅读课本第 71、72 页“资料分析”后回答：

(1) 生物争夺同一食物或同一栖息地是生物间常见的一种关系，包括__________和__________。

(2) 从大草履虫单独培养的曲线可看出，大草履虫经快速增长后，种群数量为______左右。

(3) 从双小核草履虫单独培养的曲线可看出，双小核草履虫处于高速增长时，种群数量为：(　　)

A. 100 只　　B. 200 只　　C. 300 只　　D. 400 只

(4) 从混合培养曲线可看出，两种草履虫混合培养时，______竞争失败，其可能原因是：(　　)

A. 生殖率高　　　　　　　　B. 生殖率低

C. 取食能力强　　　　　　　D. 取食能力弱

(5) 从图中曲线可知，两种草履虫对生态环境的需要较为一致，在自然界中真的会出现上述曲线结果吗？这是生物间的什么关系？

____

2. 结合课本第 72 页猞猁和雪兔种群数量的变化曲线，看图分析：

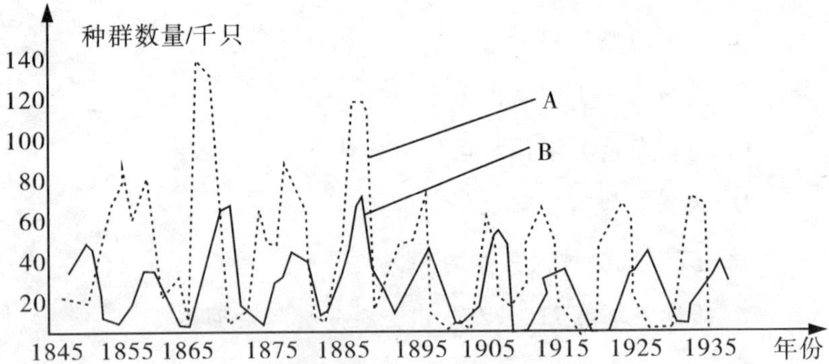

猞猁和雪兔种群数量变化曲线

(1) 雪兔的种群数量变化用字母________表示，其数量最多的年份曾达到________只。

(2) 雪兔的数量在一段时间内能够急剧增加的生物因素主要是：①________；②________。

(3) 猞猁的存在对整个森林生态系统的稳定所起到的作用具体是____________________。

(4) 在所研究的 1890—1935 年期间，该生态系统中雪

兔的 K 值为________左右。从图中任意一时段可看出，当雪兔种群达到 K 值后，猞猁种群的 K 值变化________（早于或晚于）雪兔种群的 K 值出现（注：不考虑其他生物因素）。

（5）猞猁和雪兔的关系是________。

课题 3：种间关系

1. 请说出你对寄生的理解，并举例。

____

2. 请说出你对互利共生的理解，并举例。

____

3. 下列曲线表示了两种生物之间的什么关系？

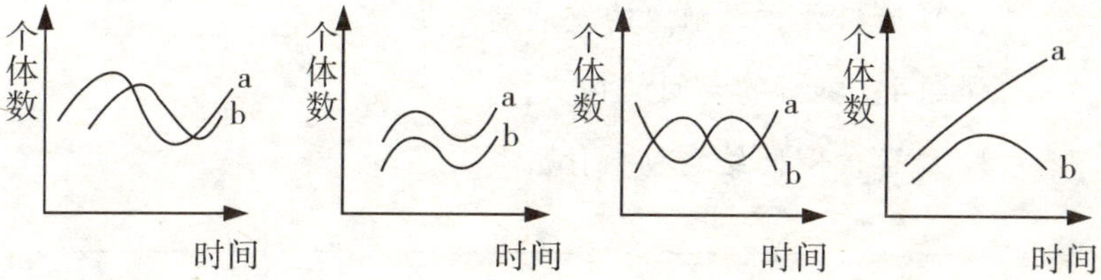

________关系　________关系　________关系　________关系

针对训练：

下图①～④分别为四组生物的种间关系示意图（纵轴表示个体数，横轴表示时间）：A. 地衣中的藻类和真菌；B. 大小两种草履虫；C. 狐与兔；D. 细菌与噬菌体。请据图回答：

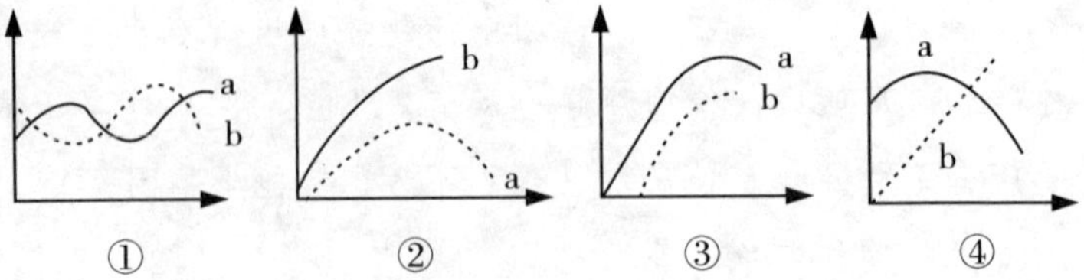

(1) 判断 A ~ D 四组生物的对应曲线：

A. ______；B. ______；C. ______；D. ______。

(2) 造成②中出现的现象是由于__________________。

(3) ④与②相比结果不同是因为__________________。

(4) 若四种种间关系中的 b 死亡，对 a 有利的曲线是__________________。

(5) 若狐死亡，则兔的发展趋势是________________。

课题 4：群落的空间结构

1. 群落的空间结构包括什么？

____

2. 群落为什么会出现垂直结构？垂直结构有什么特点和意义？

____

3. 群落为什么会出现水平结构？水平结构有什么特点？

____

针对训练：

关于池塘生态系统的群落结构，以下叙述不正确的是（　　）

A. 在垂直方向上，鱼类具有明显的分层现象

B. 鱼类在群落中的垂直分布主要依赖于植物

C. 池塘中的动物群落没有水平结构

D. 在水平方向上，生物种类分布有差异

小组互助合作学习过程

教师活动	学生活动	设计说明
复习种群的概念，引入群落的学习，明确本节课的学习目标	复习	通过不断重复让学生记住知识点
校对预习案，总体把握本章的大体知识，也了解学生的预习情况	一起回答	帮助学生简单勾画知识框架
布置小组任务：各组由小组长组织讨论，探讨课题1～4。 课题1：群落的概念及特征 课题2：反映种间关系的实例 课题3：种间关系 课题4：群落的空间结构	学生分小组进行讨论，讨论课前预习完成的探究案，时间为10分钟	调动学生的学习积极性，提高他们学习的自主性，通过创设小组讨论、互助合作的情境，培养他们在课后继续进行探讨延伸的能力
分课题指定每组一位组员上台展示本组讨论的答案	学生上台，展示在黑板上	提高学生的自信心和对自我的认可，留给学生一个自由发挥的空间和平台
根据各个小组的展示情况进行点评，同时将各个课题串联起来，进行探究式教学。点评后当场给每个小组一个表现分数，用适当的语言激励他们	观察，思考，回答	良性的评价机制能更好地调动学生的学习积极性，提高他们的课堂参与度
引导学生进行课堂小结	思考，回答	让学生再次明确本节课的知识重点

三、高中生物课堂小组互助合作学习的反思与讨论

（一）反思

1. 时间与空间关系

小组互助合作学习是由问题引发的。问题是以一定的认知为前提而指向未知领域的命题。提出某个问题就为学生的智能活动设置了一个方向性的障碍，从而对学生的智能活动产生刺激。小组互助合作学习中的问题是教师深入钻研教材后将教学中的重难点进行演绎后提出的。要使小组互助合作学习富有成效，引起讨论的问题就要切实能够引起学生主动参与的兴趣，能够引起师生思维活动的展开。当然，问题还应体现学生的“最近发展区”，是学生“跳一跳能够摘下的果子”。如果问题过于简单，缺乏讨论、交流的价值，学生在合作时就会无所事事，浪费课堂时间。如上述案例中设计的猞猁和雪兔的种群间关系和种群间关系中联系实际的曲线呈现，这些问题已激起学生的兴趣，但一个人较难完成，需要小组合作，学生因此产生合作的欲望，合作的积极性高，合作的效果才会显著。另外，合作学习中应处理好集体教学、小组合作学习的时间分配问题。由于班级小组较多，要做到每个小组都能参与其中，一般情况下，一节课中的小组互助合作学习以一次为宜，做到开放空间与开放时间相辅相成。

2. 独立学习与合作学习的关系

小组互助合作学习离开了独立学习这个前提，就如水上浮萍，落不到实处，也就达不到合作学习的目的。生活中我

们都有这样的经验：当我们遇到一个问题时，首先肯定是自己去面对，去想办法解决问题，当一个人的力量难以解决这个问题时，才考虑寻求帮助，与人合作。如果只有小组互助合作学习而缺乏独立学习，长此以往，学生的自主学习能力将会丧失，久而久之就会养成惰性心理。如在上述案例的教学中，每当提出一个问题后，应首先要求学生独立思考，然后再组织学生进行小组互助合作学习，在组内交流自己的看法，形成“统一”（追求共识）意见后，再到全班进行交流，再次形成“统一”意见，使学生形成正确的认识，并在这一过程中体验积极的情感。

3. 人际关系的处理

人际关系主要包括学生与学生、教师与学生之间的关系。在传统教学中，学生与学生之间的相互作用通常被认为是无关紧要或消极的因素。而在合作学习中，生生互动是教学活动成功不可缺少的重要因素。合作学习中开展的教学活动需要小组成员在共同的活动中做到互相帮助、互相监督，其中每个成员都要对其他成员的学习负责，体现出“我为人人、人人为我”的意识要求，可以使学生在交往中产生心理相容，建立和谐的人际关系，有利于促进学生的社会性发展和健康个性的养成。另外，合作学习中师生互动也是教学活动中不可缺少的因素。师生间要进行平等对话与交流，这就要求教师的态度、价值观、信念都要以学生发展为中心。教师应具有亲和力，让师生之间的平等交流成为一种可能，积极合作成为一种需要。如上述案例中让学生上台模拟染色体的行为变化，对每一种模拟情况，教师都要肯定其积极的一面，对于学生一些不成熟但带有创造性的见解，教师应细心呵护，加以珍视，切勿求全责备。教师应多提建设性建议，多用真切期待的语言鼓励学生，使学生发挥出潜在的智慧。

（二）讨论

高中生物课堂小组互助合作学习存在以下亟待深入探究的问题：

（1）有时会因组内成员意见不统一，造成时间和精力的浪费；有时会因个别组员不愿合作，降低全组的学习效率。

（2）小组之间的竞争可能会造成小集体主义倾向，不利于各组间的交流与合作。

（3）关于高中生物课堂合作学习的效果，如何从整体上对每一位成员进行评价，还没形成一套科学的评价方法和体系。

高中生物课堂小组互助合作学习需要不断去实践、总结、提升，才能逐步取得效果并有新的收获。课堂小组互助合作学习不仅是一种观念，更重要的是它通过对学生合作能力的培养与训练，使学生学会在各种合作中找到新的认同，确立新的共识，并从中获得实际的体验。

小组互助合作学习在高中地理教学中的应用策略

小组互助合作学习是在班级授课制背景下产生的一种教学方式，即在承认以课堂教学为基本教学组织形式的前提下，教师以学生学习小组为重要的教学组织手段，通过指导小组成员展开合作，发挥群体的积极功能，提高个体的学习动力和能力，达到完成特定教学任务的目的。在传统教学中，教师更注重知识体系完整性的传承，而忽略了学习个体的主动性和自觉性，学生在学习中往往缺乏兴趣，欠缺与他人交流和沟通的学习技能，常常事倍功半，造成教学效果不理想。而小组互助合作学习则要求学生互助合作探索知识，并以小组的整体成绩作为评价和奖励的标准。这种新型的教学模式恰恰弥补了传统教学的缺点，激发了学生的学习自主性。小组互助合作学习是20世纪70年代初兴起于美国，并在70年代中期至80年代中期取得实质性进展的一种充满创意和实效的教学模式。如何让这种教学模式在现代中学教学中本土化和实用化呢？以下从三个方面探讨在地理教学中开展小组互助合作学习的实际应用措施。

一、小组互助合作学习模式的组建

（一）选派组长

小组互助合作学习模式开展得成功与否，关键在每个组长的选定上。组长作为每一组的灵魂人物，必须具备以下四点特征：

（1）责任心强，有很强的集体荣誉感。小组长要有强烈的上进心和集体荣誉感，不仅自己要争取“优胜小组长”、“学习之星”的荣誉，还要率领本组争当“优胜学习小组”。

（2）学习能力强，学习成绩优秀，在学习方面能起到带头作用。“要想帮助别人，首先强大自己”，每位小组长首先要有良好的学习习惯，能够主动学习、高效学习，站在更高的角度引领组员，成为班级当中的学习榜样。

（3）乐于助人、敢于负责。担任小组长的同学一定是最热心、最有责任心的，能主动帮助组内其他同学搞好学习、答疑解惑，帮助基础差的同学提高成绩。

（4）组织、管理能力强。小组长的学习成绩不一定是最好的，但其组织、管理能力一定要强，能及时向教师反馈同学的意见，向同学传达教师的意见，起到桥梁作用。

（二）组建

（1）遵循“组内异质、组间同质”原则。合作学习小组的组建是开展小组学习的前提，每组4~6人，分上、中、下

（AA、BB、CC）三层，遵循“组内异质、组间同质”的原则进行分组，便于各小组之间公平竞争，使每个小组成为班级学习的缩影。

（2）合理搭配，互补互助。在考虑每个小组的学习能力、学习成绩、性别比例、心理和性格等多方面参考量值后进行分配和组合，根据班级的人数确定小组的数量。在首次分组中可以采取教师先指定组长再抽签的模式，尽可能保证组与组之间实力的均衡性，因为第一次分组学生之间并不是十分信任和了解，所以还需要教师的主导和规范。在以后的分组中再采用学生自主组合制等其他模式。

（3）分工明确，责任到位。让每个小组成员都承担一定的角色，负起一定的责任。如每科选一名学科带头人，让组内成绩较好的同学担任，这样既能让小组长肩负重任，又能调动起其他同学的学习积极性。

（4）讨论分层，一对一讨论。在讨论中首先要分层次，一对一地讨论研究，再分层解答疑问。在展示环节一般由C层、B层学生负责展示，把本小组的意见向全班表达出来，再由A层同学负责点评、拓展。

（三）调整

学习小组的划分不是一成不变的，可适时进行个别调整，避免学生在合作能力上形成思维定式，造成各小组之间的不公平竞争。

（四）打磨细节

打磨讨论、展示、点评等各环节的细节。讨论要求各组员每时每刻都要积极参与，在小组长的带领下全身心投入到学习当中。

二、培训小组长

（一）培训意义

小组互助合作学习的价值体现在能有效整合班级内所有学生的各项能力，并对其进行合理有效利用，以达到既定的教学目标和理想的教学效果。小组互助合作学习的开展要依靠班级建设来做主题架构，形成一种健康的班级风气，营建一个良好的学习环境。怎样才能营建良好的学习环境、营造良好的学习氛围呢？方法只有一个：让每一名学生都学起来。让每一名学生都一心扑在学习上，这是摆在我们面前的首要任务。为了让每一名学生每节课都能有所收获，每个班都应建立学习小组，选出小组长。在小组合作交流中，小组长发挥着关键的作用，他是合作学习小组的灵魂人物。当上小组长就意味着肩上挑起了本小组学习的重担，可谓任重而道远。有人说“一个好校长等于一所好学校，一个好班主任等于一个好班级”，那么，也可以这样说，“一个好的小组长等于一个好的小组。”

（二）培训目标

培养小组长的领导能力，充分发挥小组长的带头、监督作用，营造和谐、向上、团结的课堂学习氛围，实现合作有效的课堂教学效果。

（三）主要措施

培训各小组长，先学带后学，小组互学，达成共识。

（1）小组互助合作学习的关键是交流技能的培养，如学会倾听、学会质疑、学会表达、学会接受、学会总结等。小组长在教师的引导之下逐步能帮助组员掌握一些合作学习的基本技能。

（2）在实践操作过程中，小组长能引导大家运用合作学习的礼节，如：发言人要先说提示语；一人发言之后其他人要给予掌声；认真倾听发言者表达，直至对方发言完毕再发表自己的观点；使用较为规范的交流语言——“我想补充××同学的观点”、“我同意××同学的说法”；发言完毕之后能进行提示并道谢，等等。

（3）小组长能根据组员的特点做好合理的分工，如主持、记录、导演、总结等。

（4）为确保所有学生都能参与活动并在活动中受益，小组长要对合作活动过程进行公正客观的评价，包括自学、组内活动、组际交流中的表现和态度，进行口头表扬或批评。这样的评价方式会促进每个成员努力争先，也促进了组际竞争。

(5) 小组长能综合小组成员意见，最后能作总结发言。小组内可能有解决得不够满意或解决不了的问题，小组长能够带领大家进行整理归纳，准备组际交流时与其他小组共同探讨。

(6) 小组长在讨论和展示中要起带头作用，从而激励小组其他成员努力参与小组互助合作学习。

(7) 对小组中基础薄弱的同学，小组长要有耐心帮助其进步。

(8) 要有高度的责任感，确保小组成员在适当的时间做恰当的事，讨论与上课有关的话题，不说无关的话题。必要时要阻止小组成员的不规范行为和语言。

(9) 及时向教师反馈本组成员的学习情况，在组内解决不了的事情可以请教师帮助解决。

三、建立并有效实施评价策略

(一) 建立激励性评价体制，培养小组成员之间的合作精神

在对小组进行评价时，不要针对某一个人来评价，而是以小组表现为主要指标。应从小组成员的配合度、小组成员分工与协作的合理性、小组任务的完成度、小组内部的评价与管理的可行度以及个人对小组的贡献等方面进行评价。在课堂教学中，教师在提问题时，可以选取教材中几个并列的内容进行询问，这样既考察了各小组内的配合度，又能省时

省力地完成教学目标。如讲解气压带、风带对气候的影响时，就可以根据热带、温带、寒带三部分，要求班级内的小组分成三个大组，分别就各带有哪些气候类型，各气候类型的分布、成因、特征进行说明比较。

（二）正确处理好组内“学困生”与“学优生”的关系

小组合作不是个人的表现而是要人人参与的过程，人人都要对本小组负责。如果组内“学困生”和“学优生”之间的关系出现不和，就会加剧组内矛盾，组员间彼此猜忌，造成两极分化加剧，小组合作模式破裂。因此，教师在教学中既要做好“学优生”和“学困生”的思想工作，激发“学优生”善为人师的热情，又要多关注“学困生”的成长，鼓励其积极参与，使其也能体验到成功的快乐。具体来说，教师在日常教学中要注意问题设定的层次性，需要探究思考的让“学优生”负责，简单易操作的分给“学困生”回答。这样既让“学困生”体验到了成功，也让“学优生”满足了对学习的深层次探究。如讲解工业的可持续发展时，对于比较浅显易懂的如“不合理的工业活动对社会环境有哪些影响”等问题，就可以分给“学困生”来回答，而“如何针对这些现象进行整改，怎样做符合可持续发展的原则”这种需要深度思考和知识整合的问题就可以让“学优生”来处理。

总之，小组互助合作学习是培养学生间彼此协作、探究思考能力的重要学习形式，集体协作所带来的学习效果远远大于个人的表现。教学中应当充分体现这一特点，顺应发展规律和社会发展的要求，使学生在“学会学习”、“学会生存”的同时“学会合作”。广东省教育科学研究所所长郭思乐教授的“生本教育”理论指出：在教学中，只有在一切为了学生、高度尊重学生、全面依靠学生的基础上，把学生引导到一个热烈讨论的活动当中，充分发挥团体中每一个个体的力量，才能更有效地培养学生解决实际问题的能力和团队精神。个体的力量是有限的，群体的力量是无限的。还学生学习主动权的具体实施过程——小组互助合作学习方式，能促使小组同学之间的互学、互助、互比、互励。小组互助合作学习方式通过学生之间的群体智力互补，不仅使学生学会关心和友爱，还促进了学生的自我发展，使学生体验到成功的喜悦。这种新的教学模式还需要身为教师的我们不断探索、努力研究，使之更为完整、合理、有效。

在高中信息技术教学中实施小组互助合作学习研究的探索

高中信息技术课程以提升学生的信息素养为根本目的。信息技术课程不仅能使学生掌握基本的信息技术技能，形成个性化发展，还能使学生学会运用信息技术促进交流与合作，拓展视野，勇于创新，提高思考与决策水平，培养解决实际问题和终身学习的能力，明确信息社会中公民的权利与义务、伦理与法规，形成与信息社会相适应的价值观与责任感，为适应未来学习型社会提供必要保证。

为了真正达到提升学生信息素养的目标，真正让素质教育走进课堂，我们必须开放信息技术课程教学，更新教育目标理念，适应教学内容的变化，改革课堂教学模式，变革考试评估体系。以下就信息技术教学实施小组互助合作学习中所面临的教学内容调整、教学方式改革与创新以及教学评价标准的重新定向等问题进行探讨，以期对提高信息技术课堂教学的质量有所助益。

一、调整教学内容，紧跟信息时代步伐

“因材施教，促进个性发展”是普通高中课程改革的根

本价值尺度。对于信息技术教育而言，因为受硬件、师资等因素影响，不同学生的信息素养水平差异很大，所以信息技术学科的教学，尤其是基础知识和基础操作的教学，不能按照现成教材编写的内容一成不变地进行，而是要依据课程标准，结合学生的学习水平、身心发展规律以及小组互助合作学习的需求选择适合本校学生学习的内容，“不让一个孩子掉队”。笔者在编撰校本课程时，有的放矢，既注重知识编排体系的连续性，又努力让学生形成系统的知识和培养其解决问题的能力。同时笔者还根据高中信息技术课程的结构形式，因校制宜、走“成功教育”的特色之路，以必修模块为基础，以选修模块为辅助，创设多样化的信息化环境，营造和谐的信息化氛围，通过开展丰富多彩的课外活动，给学生提供最广阔的舞台，让有兴趣的学生得到更好的发展。

有机调整教学内容，还体现在根据小组合作的特点灵活组织阶段性教学。应适当地为学生提供拓展性的内容，在落实教材所规定内容的基础上，及时将当前最新的知识介绍给学生，充分挖掘学生的潜力，为学有余力的学生提供自我研修的机会。信息技术和生活实践是一个紧密结合体，因此要让学生具有信息素养，单纯靠学习操作技能是远远不够的，这就要求教师在课堂上“贴近生活”，精心组织，不断激活课堂，让学生循序渐进地掌握相关的信息技术知识和技能。贴近学生学习和生活经验的实质在于连接学生的已有经验，唤起学生的学习愿望，并使学生以此作为出发点，更好地改造和拓展自己的已有经验。例如，在“信息加工与表达”章节（必修）的教学中，书中介绍的 WORD 和 EXCEL 工具学生在初中就已经掌握，为了激发学生的学习积极性，笔者利用网络中的博客工具（网络日志）来组织教学。笔者让学生自己申请博客，教会他们添加内容的方法，引导他们把自己认为很有价值的信息和学习体会添加进去并加以整理。高中学生多数处于“后青春期”，思想观念与各种能力也已经逐渐趋于成熟，他们既有交流与合作的能力，也有这样的需要，因此高中信息技术课程应该鼓励高中学生运用合适的信息技术，恰当地表达自己的思想。在“写与录”中，学生可以发挥自己的判断能力和语言文字能力，按照个人方式进行表达，这又在无形中加强了对知识的理解和运用能力，不知不觉地建构以至形成个人特定的认知能力。同时，利用博客的“分享”功能，课后师生间可通过网络进一步交流，教师可引导学生不断修正其理解上的偏差，从而产生更多的体会和感受，这样不断持续下去，就可形成令学生终身受用的学习习惯，这也正是学生信息素养切切实实提高的过程。

二、革新教学方式，培养学生创新素质

小组互助合作学习的过程是师生交往、积极互动、共同发展的过程，因此，信息技术课程教学必须充分发挥学生学习的主动性、积极性和创造性，使学生真正成为信息加工的主体和知识意义的建构者，教师则成为课堂教学的组织者、指导者和学生建构意义的帮助者、促进者。小组互助合作学习的教学模式有任务驱动式、主题式、探索式等，笔者在实践中主要就如何构建行之有效的“任务驱动”模式进行了

探索。

“任务驱动”是指在学习信息技术的过程中，学生在教师的帮助下，紧紧围绕一个共同的任务活动中心，在强烈的问题动机的驱动下，通过对学习资源的积极主动应用，进行自主探索和互动协作的学习。这是一种建立在建构主义教学理论基础上的教学法，适用于培养学生的自学能力和相对独立的分析问题、解决实际问题的能力。根据新课程标准和教材的特点，笔者尝试了以下做法：

（一）设计任务，创设情境

任务的选择应难度适宜，符合学生特点。设计每个任务时要考虑其大小、知识点的含量、前后任务间的联系等多方面因素，由易到难，循序渐进，从而保证课堂教学目标顺利完成。导入时不妨以日常生活中学生喜闻乐见的事物为素材向学生提出目标，让学生带着浓厚的兴趣，主动积极地去完成任务，提高其学习效果。如“信息及其特征”一课，在探讨信息的基本特征时，笔者引导学生分析《三国演义》中的精彩故事，如草船借箭、空城计、刘备借荆州等，从中找出信息的各种基本特征，激发了学生的兴趣和热情。

（二）分析任务，探索研究

提出任务之后，教师不要急于讲解，而要让学生讨论、分析任务，提出完成任务需要做哪些事情，之后让学生通过上机实践完成任务。学生可以先通过自主探索或者互助协作开展探究活动。如在“文本和多媒体的加工与表达”章节的教学中，笔者给学生提出目标后，采用分组探索方式开展探究活动，学生围绕主题展开学习，查阅信息资料，收集各种素材，进行尝试探索，最后完成作品的制作，从而达到对问题的理解、知识的应用和意义的建构。

（三）及时检查，落实评价

根据信息技术课的特点，教师应关注学生参与教学活动的态度，解决问题的能力和创造性，以及获取知识的经验与教训，使其真正得到提高。课堂评价是对学生能力的客观评价，应该既符合社会的要求，又有利于学生的个性发展。要特别注意，评价不仅要指出学生的优点，也要指出学生的弱点，这样学生的创新能力和自学能力才能得到充分发挥。笔者在实践中的做法是：每个学生或每个小组每完成一个任务，都必须交流展示，大家讨论点评，及时对同学的学习情况作出反馈。评价的内容包括：是否能理解、掌握、熟练应用新知识；学生自主学习的能力；同学间相互协作的能力；创造性地解决问题的能力等。

诚然，任何 种方法和模式的选择和使用，都应该建立在深入理解其内涵的基础上。如采用“任务驱动”教学模式在信息技术课教学中引入新知识时，就是以“布置任务→介绍完成任务的方法→归纳总结”的顺序引入有关概念，展开教学内容。学生在完成任务的操作过程中，获得感性认识，掌握完成任务的方法。教师要适时加以总结，概括其一般规律，实现从现象到本质、由感性到理性的过渡，将学生的认识提升到一个新的高度。信息技术本身的发展就体现着一种创新意识，学生在学习过程中，无形中培养了不断去获取新知识的意识和能力，正是这种意识和能力成了学生进行创新的原动力。高中信息技术课是一门实践性很强的课程，若能正确认识和应用“任务驱动”教学法，则有利于帮助学生获得技能、形成能力、挖掘潜能，不断培养创新素质，拥有更大的自由发展空间。

三、开发评价体系，促进学生个性发展

教学评价是小组互助合作学习过程的重要环节，对提高教学质量、优化教学过程具有重要作用。进行教学评价的目的是对小组互助合作学习过程进行适时调整和控制，使之达到预定目标。在信息技术课堂教学中开展小组互助合作学习必须构建新的评价体系，这就需要确立新的评价目标，因为评价目标是实施评价的前提，只有明确了目标，才能制定出科学、合理的评价体系。信息技术教学的评价目标应该从学生、教师和信息技术课程本身三方面出发，通过评价，达到促进学生素质全面发展、教师水平不断提高和课程不断完善的目的。这里笔者主要谈一下对学生的评价。

在新的评价体系中，要充分考虑学生的个体性，也就是要根据学生个体差别采取不同的评价标准。有效地开发评价体系，能较好地促进学生个性发展和创新能力的培养。面对新的课程标准、新的教学模式，笔者更新观念，树立了“教—学—评价”有机结合的评价观，在实践中尝试了以下两种方法，收效良好：

（一）作品评价法

传统的教学评价多数采用笔试或上机考试的方式，注重结果而忽视了过程评价，在一定程度上挫伤了学生的学习积极性。而作品评价法是由学生根据所学知识创作一件作品，教师再根据作品对学生的认知、技能和情感等方面作出客观公正的评价。评价的标准随着学生的发展变化而变化，学生进步了，评价要求也要相应提高。作品的大小要根据教学内容来定，作品的形式也可多种多样。例如，在必修模块“表格信息的加工与表达”章节，笔者先提供数据，再让学生上交含有文字、图表的分析结果；在“信息的交流与发布”章节，则要求学生用网上邻居、FTP两种方式发布自己的作品，或单独完成，或小组合作。对于能独立完成基本要求的作品给予“良好”以上的成绩，不求最好，只求更好，目的在于大力鼓励有特色和有创新性的作品。

在不同的创作中，一方面要使学生掌握不同的应用技巧，另一方面也应逐渐培养学生的综合能力。要尽可能多给学生展示的机会，在展示过程中要求学生对作品制作过程或问题解决的过程进行解释。根据不同作品采取灵活合理的评价方式及时进行评价，除教师评价以外，还可以让学生互评、自评等。在这个过程中，教师要时刻记住评价的主体和对象是学生，评价是为了促进学生进一步有效地学习。在展示过程中，要求其他学生认真听讲，并按评价标准为讲演者打分，学生为其他同学打分的质量也将成为自己成绩的一部分，学生既是受测者，也是测试者。作品展示的过程是学生展示自己能力的过程，因此学生在制作要向全班展示的作品时总是精益求精，反复修改，力求做到最好。例如，在多媒体选修模块“个性徽标设计”一节进行创作作品展示时，笔者要求每个学生上台讲解自己所设计徽标的含义以及创作过程，并由全体同学进行打分。在实践中可以发现，学生很喜欢上作品展示课，通过这样的作品展示，可以提供同学间相互学习的机会。此外，学生综合利用信息技术处理问题、解决问题的能力也逐步增强，制作的作品更加丰富多彩，从一次次作品中可以看到他们的成长足迹。

（二）档案袋评价法

档案袋评价法兴起于20世纪80年代后期的美国，近几年由我国教育界引进。档案袋又称学生成长记录袋，是由学生学习过程中的各种作品汇集而成，分为展示学生学习进步的发展性档案袋和展示学生最佳作品的展示性档案袋。档案袋评价法旨在展示学生学习的实际水平，重视发展的过程，从多角度、多侧面判断每个学生的优点和可能性。在传统的评价中，学生是评价的客体而长期处于被评价状态。档案袋评价与此迥然不同，在档案袋中记录学生的学习过程，也就让学生拥有了判断自己学习的质量和进步的资料，在档案袋中可寻找自己学习的轨迹。档案袋评价法有以下优点：①可以清楚地记录学生随着时间推移的学习过程。②可以很方便地将学生现在的作品同以前的作品作比较。③为客观公正地评定学生的等级提供依据。档案袋的内容不是学生单方面的原始资料库，而是学生与教师、学生与学生、学生与家长、学生与他人活动过程的结晶和成果积累。

档案袋评价依据使用的目的、功能和具体的情况而有各种不同的类型，可以因学校、班级和学生个人的不同情况而不同。在实践中主要采用发展性档案袋记录每个学生一学期的作品、各类评价、任务总结、自我反思、等级评定等。每个学生每个章节的作品、评价、课后小结均以电子文档形式存入每个学生自己的档案袋中。在实际操作中，笔者针对每个学生在服务器上建立了文件夹，以学生学号命名，只要建立一个班，其他班级只需复制就可以了，可根据不同人数稍作调整，学生通过 FTP 访问自己的文件夹，将作品、评价、反思等文件放入相关的章节中。档案袋评价法有利于学生提高学习责任心和对学习过程的参与度，不断改善个人的学习。

这两种方法有其独立性也有其渗透性。教师进行考评时，可以在不同时段选择一种或两者结合使用。但不管怎样，评价要重视学生在学习过程中的自我评价和自我改进，使评价成为学生学会反思、发现自我、欣赏别人的过程。对任务完成情况的评价没有统一的标准，结果是多元化的。在评价过程中，要给有困难的学生以支持和帮助，使之在评价过程中逐步掌握获取信息、筛选信息、传输信息和处理信息的方法，这才是信息技术教学的根本。

从根本上说，在信息技术课上开展小组互助合作学习是一个需要不断创新的领域，需要不同层面的人员特别是第一线的中小学信息技术教师发挥创造性。“教有法，但无定法，贵在得法”，只要我们在平时的教学中多留心、多实践，就一定会找到更多更好的模式或方法，使学生在轻松愉快的学习氛围中掌握更多的知识，提高信息素养，我们的信息技术教学也会更有效率。作为信息技术课的教师，我们应该时刻牢记自己的职责，明确自己肩负的重担，与时俱进，走在课改的前沿。

附 录

关于促进民办教育规范特色发展的意见

广东省教育厅

为深入贯彻落实党的十八大和全国教育工作会议精神，根据《广东省人民政府关于推进广东省教育“创强争先建高地”的意见》（粤府〔2013〕17 号）有关要求，现就促进广东省民办教育规范特色发展提出以下意见：

一、指导思想和主要目标

（一）指导思想。

以邓小平理论、“三个代表”重要思想、科学发展观为指导，围绕“三个定位、两个率先”的总目标，以提高质量为核心，以改革创新为动力，坚持积极鼓励，先行先试，加大扶持，依法管理，内涵发展，打造特色，推动广东省民办教育又好又快发展，满足人民群众多元化的教育需求，为率先基本实现教育现代化、率先全面建成小康社会作出贡献。

（二）发展目标。

到 2018 年，义务教育阶段民办学校达到标准化学校的比例及规范化民办幼儿园的比例明显提高，民办普通高中达到省一级学校、民办中职学校（含民办技工学校，下同）达到省级示范性学校的比例进一步提高，建成一批具有特色的品牌民办学校和若干所高质量、高水平的民办高等院校，形成完善的民办教育体系和政府主导、社会参与、办学主体多元、办学形式多样、公办教育与民办教育协调发展的格局，基本建成民办教育强省。

二、探索分类管理机制

（三）推行民办学校分类管理。

鼓励各地开展民办学校分类管理试点，创新民办教育管理制度，完善民办学校办学许可和注册登记制度、产权和资产管理制度、财务会计和审计制度、学校法人治理结构和政府管理服务体系。

（四）完善民办学校法人登记办法。

对从事学历教育的民办学校和幼儿园，按以国有资产参与举办为标准，探索完善学校法人登记制度；具体办法由省教育部门会同机构编制、民政、工商等部门研究制订。对民办教育培训机构，可登记为民办非企业单位法人或企业法人。

三、加大民办教育扶持力度

（五）实行差别化的扶持政策。

积极鼓励、重点扶持捐资举办和出资举办不要求取得合理回报的民办学校发展，并在土地使用、规划建设、金融信贷、设置审批、奖励评定、资金扶持、项目安排、人才引进、师资建设等方面实行优惠政策。

（六）完善公共财政对民办教育的扶持政策。

从2013年起，省将适当增加省级民办教育专项资金规模。县级以上人民政府应设立与本行政区域民办教育发展相适应的民办教育专项资金，用于扶持非营利性民办学校发展。要按照接受义务教育学生数量和当地公办义务教育学校的生均财政拨款标准，给予承担政府委托义务教育任务的民办学校拨付相应经费；对符合当地条件的义务教育阶段民办学校学生，按公办学校标准，纳入免费义务教育补助范围。鼓励各地对捐资举办和出资举办不要求取得合理回报的从事学前教育、高中阶段教育、高等教育的民办学校给予经费奖补。民办学校享受与公办学校同等的申报中央或省实施的职业院校实习实训基地建设等项目政策。民办学校学生享受与公办学校学生同等的资助政策。

（七）落实民办教育税收优惠政策。

符合条件的民办学校提供学历教育的劳务收入，免征营业税；符合条件的民办学校及教育机构，其承受的土地、房屋权属用于教学的，免征契税。捐资举办和出资举办不要求取得合理回报的民办学校，依法享受与公办学校同等的税收及其他优惠政策。民办学校的用电、用水、用气等，享受与公办学校同等的待遇。

（八）落实民办学校收费政策。

民办学校收费定价遵循市场调节、优质优价原则。实施义务教育和普通高中教育的民办学校的学杂费标准由学校制订，报办学审批部门审核，经价格主管部门批准后由学校公示执行。学杂费标准主要根据近3年生均教育培养成本和学校的合理回报确定。民办中职学校、民办技工院校和民办高等院校学历教育的收费由学校根据市场情况、自身办学条件和各专业的学习培养成本合理确定，在报教育或人力资源社会保障部门及价格主管部门备案后执行。民办学校对接受非学历教育的其他受教育者收取的学费标准，以及民办幼儿园的保教费标准，由民办学校和幼儿园自行确定，报教育或人力资源社会保障部门及价格主管部门备案。

（九）完善民办教育用地优惠政策。

各地要将民办教育用地统一纳入土地利用规划和城乡规划。对新建、扩建实施学历教育的非营利性民办学校，需新增建设用地的，要优先安排用地指标。符合划拨土地目录规定的非营利性民办学校，其教育设施用地可依法以划拨方式取得，并享受与公办学校同等的规费减免优惠政策。

（十）依法保障民办学校教师待遇。

各地应根据当地经济社会发展情况，参照当地公办学校教师工资标准，制订民办学校教师工资指导标准。民办学校要依法依规按时足额发放教职员工的薪金，并为教职员工参加社会保险缴纳社会保险费用。鼓励有条件的民办学校通过设立年金制度，提高教师养老待遇，努力实现民办学校教师与本地区同级同类公办学校教师的退休待遇大体相当。鼓励和支持有条件的地区，对实行年金制的民办学校予以奖励，对民办学校教师发放从教津贴。民办学校应当保障教职员工寒暑假期间带薪休假权利。

（十一）落实办学自主权。

民办学校要遵循国家相关规定，自主开展教育教学活动，自主制定发展规划，设立内部机构，聘任教职员，管理学校资产财务。实施高等学历教育和中等职业学历教育的民办学校，应按照国家和省的有关规定自主设置专业，自主制订人才培养方案。民办学校享有与同级同类公办学校同等的招生权利。逐步推进民办高等院校与同类型、同层次公办高等院校同批次招生。教育部门应将招生计划增量部分优先安排给管理规范的民办高等院校。

四、加强民办教育规范管理

（十二）落实法人财产权。

民办学校对举办者投入资产、国有资产、受赠的财产以及办学积累成果，享有法人财产权。民办学校存续期间，举办者不得抽逃出资。民办学校出资人要按时足额履行出资义务。出资人以不动产用于办学，原有不动产过户到学校名下，不属于买卖、赠予或交换行为的，只收取证件工本费。加快民办高等学校资产过户工作。投入民办学校的货币资产要经法定验资机构验资后过户到学校名下，非货币资产要经有资质的中介机构评估后过户到学校名下。未完成资产过户的民办高等院校，应于2018年前基本完成资产过户工作。

（十三）完善现代学校制度。

民办高等院校要以完善内部治理结构为重点，逐步建立“产权明晰、利益共享、学校自治、服务社会”的现代大学制度。省教育部门要会同有关部门制订民办学校章程示范样本，民办学校要以章程建设为基础建立健全学校规章制度。

民办学校要依法改善学校董事会（理事会）结构，规范董事会（理事会）成员构成，学校举办者应选派熟悉和热衷教育工作的人员参与董事会。民办学校要建立健全董事会科学民主决策机制，完善董事会议事规则和运作程序。民办学校要依法明确董事会和校长的权责，保障校长和学校管理机构依法行使教育教学和行政管理权利。学校董事（理事）、校长及财务、人事等部门负责人之间应实行亲属回避制度。民办学校要完善教职工代表大会制度和工会制度。

（十四）加强财务管理。

民办学校要建立和完善内部预算管理制度，健全财务管理制度，实行财务公开，确保教学和人力资源等投入到位。民办学校从财政部门和主管部门取得的有指定项目和用途的专项资金，应当存入经主管部门审核的银行专款账户，保证专款专用和单独核算。

（十五）加强教师队伍建设。

民办学校教师应达到国家规定的相应教师任职条件，应当与学校签订聘用合同。以属地管理为原则，建立健全民办中小学教师档案管理制度。民办高等院校实行教师档案自主管理制度。民办学校应按国家规定的比例提取一定的教师培训经费。教育、人力资源社会保障部门要将民办学校纳入教师培训计划和范围。各地要为民办学校吸引人才、留住人才、用好人才创造条件，在户籍迁移、住房待遇、子女就学等方面执行当地同级同类公办学校的人才引进政策。鼓励符合相应教师任职条件的高层次人才到民办学校任教。鼓励公办学校优秀教师到民办学校挂职或任教。

（十六）规范办学行为。

完善民办学校准入标准、审批程序以及学校设立登记、变更登记、注销登记等制度。加强民办学校教育教学质量评价和监督，健全民办学校年度检查制度，年检结果作为政策扶持、评优评先、招生指标下达和财政奖补的依据。教育、人力资源社会保障、物价、工商等部门要按照各自职责，加强对民办学校招生宣传和收费等行为的监管。建立健全部门联合执法机制，及时整治违法违规办学行为。

（十七）完善风险防范机制。

县级以上政府要建立和完善民办学校风险防范机制和应急机制。未完成资产过户的民办学校，应设立办学风险保证金。风险保证金归民办学校所有，其设立标准和管理办法由民办学校业务主管部门会同有关部门制订。加强学校安全管理和稳定工作，完善学校安全维稳应急处置工作机制，切实维护校园安全稳定。完善民办学校退出机制，民办学校终止办学，按法律法规和国家有关规定进行资产清算，清算和安置方案报审批机关确认后实施。

五、促进民办教育特色发展

（十八）推动民办学校特色发展。

支持民办中小学校发挥办学体制、管理体制、投入机制、办学模式等优势，形成素质教育特色。扶持民办高等院校发展特色专业，优先发展工科专业。支持民办中职学校和民办高等院校根据产业转型升级需要，在应用型人才培养等方面形成特色。推动民办高等院校提高办学层次，发展应用型本科和专业学位研究生教育，形成一批有特色、高水平的民办高等院校。各地要在经费安排、科研项目、评先评优、表彰奖励等方面向有特色的民办学校倾斜。扶持民办职业技能培训机构发展，形成富有特色的民办职业技能培训体系。

（十九）打造民办教育区域特色。

鼓励各地结合当地实际，加强民办教育政策创新、管理创新、服务创新，支持民办学校在经费筹措、管理体制、办学模式、课程改革、人才培养、教师管理等方面大胆试验、创新，形成民办教育区域特色。

（二十）扩大民办教育交流与合作。

鼓励有条件的民办学校开展多种形式的国内外交流合作。支持民办高等院校与境外知名大学在粤合作举办具有独立法人资格的中外合作学校。支持民办学校引进境外优质教育资源，培养具有国际视野和跨文化理解能力的人才。支持设立和办好港澳台人士子女学校。

六、落实保障措施

（二十一）加强组织领导。

各地要高度重视民办教育工作，把民办教育纳入社会发展和教育事业发展规划，采取措施大力促进民办教育发展。要在配置教育资源、优化布局结构、制订人才政策等方面，统筹协调民办教育与公办教育的发展，认真落实鼓励和扶持民办教育发展的优惠政策。要建立民办教育发展协商机制，每年定期专题研究解决民办教育发展遇到的困难和问题。

（二十二）推进体制机制创新。

各地要制定优惠措施，鼓励和引导更多民间资金投入发展民办教育。支持各地开展办学体制改革，探索非义务教育阶段公有民办、民办公助、委托管理、集团化、股份制等多种办学模式。支持国有资本、集体资本、非公有资本等参与举办民办学校。探索建立公益融资机制，鼓励金融机构为民办学校提供多种形式的融资服务，对产权明晰、办学规范、信誉良好的民办高等院校给予支持。有条件的地方应为捐资举办和出资举办不要求合理回报的民办学校给予贷款贴息。开展民办教育综合改革区域试点，探索民办教育发展新路径。加强民办教育行业协会和中介组织建设，促进民办学校行业自律和规范发展。加强宣传工作，大力宣传国家和省发展民办教育的方针政策，宣传民办教育优秀教师和办学典型，为民办教育发展营造良好氛围。

（二十三）落实部门职责。

省教育部门负责全省民办教育工作的统筹协调。省人力资源社会保障部门负责民办技工院校、民办职业培训机构的管理，进一步完善民办学校教师社会保障制度。省编制、民政、工商、教育、人力资源社会保障部门按照各自职责分工，负责民办学校法人及其分支机构的登记工作。省财政部门负责做好民办教育财政投入资金安排。省国土资源部门负责协调民办学校用地工作。省税务部门负责依法落实民办学校的税收优惠政策。省物价部门负责民办学校收费管理和监督。各部门要认真负责，各司其职，共同做好促进广东省民办教育规范特色发展各项工作。

广州市人民政府关于促进民办教育发展的意见

穗府〔2014〕12号

各区、县级市人民政府，市政府各部门、各直属机构：

为深入贯彻落实《中华人民共和国民办教育促进法》、《中华人民共和国民办教育促进法实施条例》以及《广东省实施〈中华人民共和国民办教育促进法〉办法》等法律、法规，推动我市民办教育事业科学发展，现结合实际提出以下意见：

一、提高思想认识，增强促进民办教育发展的责任感和紧迫感

（一）民办教育的重要地位和面临的形势。

民办教育目前已成为我市教育事业的重要组成部分。据统计，2012至2013学年，全市各级各类民办学校达1 985所。其中，高中19所、初中152所，学生11万人，占中学生总数的20%；小学156所，学生27万人，占小学生总数的33%；中等职业技术学校16所，学生0.8万人，占在校学生总数的6%；技工学校19所，学生2.6万人，占在校学生总数的25%；幼儿园1 220所，幼儿28万人，占在园幼儿总数的73%；民办教育培训机构403所。民办教育的健康发展，丰富和扩大了全市教育资源，促进了教育投入体制改革和办学管理体制创新，推动了教育的改革发展。

同时，我市民办教育也存在一些困难和问题。一是部分民办学校在管理、财务、招生、收费、教学等方面存在不规范行为，无证办学等违规办学行为扰乱了民办教育发展秩序。二是民办教育的扶持政策有待进一步健全和落实。三是民办学校教师待遇偏低、社会保障程度不高，教师队伍稳定问题较为突出，中青年骨干教师相对比较缺乏、流失严重。四是民办教育规范管理的制度有待进一步完善。

（二）把握民办教育的发展机遇。

2010 年 7 月，中共中央、国务院印发《国家中长期教育改革和发展规划纲要（2010—2020 年）》，将民办教育摆在国家教育事业发展的重要位置，强调把发展民办教育作为各级政府的重要职责。省委、省政府、市委、市政府相继印发一系列相关文件，对新时期发展民办教育作出重要工作部署。为此，各级政府和有关部门要抓住国家大力发展民办教育的历史机遇，进一步转变观念，坚持“积极鼓励、大力支持、正确引导、依法管理”的方针，清理并纠正对民办教育的各种歧视性政策，保障民办学校与公办学校具有同等地位；同时，要进一步调动全社会参与民办教育的积极性，增强民办教育体制机制优势和发展活力，建成一批规范办学、质量优良、特色鲜明、声誉良好的民办学校，推动全市民办学校和公办学校优势互补、相互促进、共同发展。

二、明确发展定位，健全民办教育综合管理与服务体系

（三）明确各类民办学校发展定位。

民办教育是新时期我市教育事业发展的重要增长点以及推动教育改革的重要力量，对促进教育资源合理配置和满足

人民群众日益增长的多样化教育需求具有重要意义，也是推进新型城市化发展及加快国家中心城市和区域文化教育中心建设的重要内容。要积极扶持普惠性民办幼儿园建设，鼓励发展优质民办幼儿园。大力促进义务教育阶段民办学校规范、特色、优质发展，加大对以招收来穗人员随迁子女为主的民办学校的扶持力度，推动建设一批收费合理、质量优良的民办学校，增强提供基本公共教育服务能力。扶持民办高级中等学历教育多元化、特色化发展。鼓励社会力量积极参与非学历教育机构的兴办，推进其规范发展与品牌建设。

（四）强化行政管理部门的管理与服务职责。

教育部门负责审批实施高级中等学历教育的民办普通高中和民办中等职业技术学校的开办，以及实施义务教育、学前教育、文化教育类非学历教育民办学校的开办；负责民办教育的统筹管理和综合协调，制订民办教育发展政策和发展规划；研究推动民办教育发展的各项奖励、扶持政策；会同人力资源和社会保障部门落实民办学校教师资格认定、科研项目申报等权益；组织实施对民办学校的办学评估，加强对民办学校的管理。

人力资源和社会保障部门负责审批实施以职业技能为主的职业资格培训、职业技能培训的民办职业培训学校和民办技工学校的开办以及该类学校的统筹管理和综合协调；指导民办学校保障教职工的工资、福利待遇（包括年金制度），建立合法的劳动关系，落实教职工参加社会保险等政策；会同教育部门落实民办学校教师专业技术资格评定、评优评先、继续教育和档案管理等权益。

发展改革部门负责将民办教育发展纳入国民经济和社会发展规划，加强统筹协调，促进民办学前教育、义务教育、高中教育、职业教育、非学历教育等各层次教育结构优化和空间合理分布。

公安机关负责对民办学校校舍依法开展消防监督检查，加强对校车安全的检测和监管，查处违反交通法规的校车。

民政部门负责民办学校的民办非企业单位登记管理工作，并依法查处相关违法行为。

司法行政部门负责指导民办学校师生的法制教育工作。

财政部门负责落实支持民办教育发展的财政政策，以及民办教育发展专项资金的管理监督和绩效评价。

国土房管部门负责配合办理民办学校用地手续，对属于非营利性的民办学校，按照《划拨用地目录》规定办理用地手续。

建设部门负责指导和监督民办学校的校舍建设。

水务、供电等部门负责落实民办学校的用水、用电等公共服务价格与公办学校执行同一标准。

卫生部门负责对民办学校的卫生工作、落实传染病防控措施和生活饮用水卫生等进行指导和监督。

审计部门负责监督民办学校专项资金、扶贫资助资金等财政资金的使用。

价格主管部门按照有关规定负责民办学校的收费审批、备案和监督工作。

工商部门负责加强民办教育招生广告的监督管理，依法查处违法发布广告行为。

食品药品监管部门指导和监管民办学校餐饮服务环节食品安全，联合教育部门加强对民办学校集体食堂的量化分级管理。

税务部门负责按规定落实民办学校的税收优惠政策，指导民办学校做好税务工作。

（五）加强宏观管理和专业服务。

各区（县级市）政府要结合本地实际，加强民办教育政策创新、管理创新、服务创新，保障民办学校办学自主权，支持民办学校改革发展，形成区域民办教育管理特色。各级教育部门要进一步完善民办教育内部工作机制，加强对民办教育的宏观管理。

推动建立健全民办教育协会，探索建立政府购买服务、委托服务等机制，发挥各级民办教育协会自律、协调和服务作用。完善教育科研、教学研究、教育评估等教育支持机构对民办教育的指导和服务，形成管理规范、运作高效的民办教育管理机制。

（六）建立民办教育联合执法机制。

各级政府要按照属地管理的原则，建立和完善民办教育联合执法工作机制，对无证办学行为进行联合执法，并将排查、清理整治无证办学纳入各镇、街道的综合治理工作。联合执法机制由教育、政府办公室（厅）、公安、民政、人力资源和社会保障、国土房管、建设、文化广电新闻出版、卫生、城管执法、物价、工商、安全监管等部门共同参与。对超范围办学的民办学校（经营性培训机构），要按照“谁审批，谁负责”的原则，由审批机关牵头查处。

三、优化政策环境，大力扶持民办教育发展

（七）实行差别化的扶持政策。

财政要重点扶持三类学校：一是年收费标准不高于广州生均预算内教育事业费的捐资举办的民办学校；二是普惠性民办幼儿园；三是年收费标准不高于广州生均预算内教育事业费、学校出资人的年回报额不超过出资人累积出资额为基数的人民币一年期贷款基准利率2倍的民办中小学、职业技术学校、技工学校。接受资助和奖励的民办学校教师工资须达到民办学校教师工资指导标准。同时，在土地使用、规划建设、奖励评定、人才引进、师资建设等方面实行差别化优惠政策。

（八）设立民办教育发展专项资金。

市、区（县级市）政府应当设立民办教育发展专项资金，主要用于：促进民办中小学、职业技术学校、技工学校、幼儿园教育发展，支持民办教育重大改革事项；构建促进民办教育发展的公共服务平台；改善民办学校办学条件，加强教师队伍建设和教育科研，提高教育教学质量；发放民办学校教师从教津贴；支持民办学校为教师购买年金；按规定奖励为民办教育事业作出突出贡献的集体和个人。

（九）购买公共教育服务。

各区（县级市）政府将本行政区域户籍适龄儿童、少年安排在义务教育阶段民办学校就近入读的，应当与学校签订委托协议并拨付相应的教育经费，拨付标准按照本区域同级公办学校的生均教育经费标准执行。对承担符合本区域规定

条件来穗人员随迁子女义务教育的民办学校，应按照有关规定给予经费补助。

（十）落实税收等优惠政策。

对实施学历教育的民办学校，为列入规定招生计划的在籍学生提供学历教育劳务取得的收入，免征营业税。对幼儿园提供养育服务取得的收入，免征营业税。企业或个人通过获得公益性捐赠税前扣除资格的公益性社会团体、群众团体或县级以上人民政府及其部门和直属机构，自愿无偿向民办教育事业捐赠的，可以按相关规定进行所得税税前扣除。对民办学校用电、用水、用气、排污、通信等公共服务价格，应当执行与公办学校同一标准。

（十一）落实用地优惠政策。

由教育部门牵头，国土房管和土地利用总体规划，编制教育资源（教学设施）布点专项规划，并纳入控制性详细规划中。民办学校办学用地要纳入教育资源（教学设施）布点专项规划统筹考虑。

对于非营利性民办教育用地，可以按照划拨方式给予用地支持。教育用地不得用于其他用途。捐资举办的民办学校和出资人不要求取得合理回报的民办学校，其建校用地和校舍建设享受与公办学校同等的优惠政策。

（十二）支持民办学校进一步拓宽融资渠道。

鼓励成立教育资金担保公司，支持国有资产经营公司、国有投资公司以及其他企业为民办学校提供贷款担保服务。

（十三）开展公办学校对民办学校帮教扶教活动。

选派公办学校优秀管理人员和教师到民办学校帮教扶教，

其工资由原单位发放，其他福利待遇不变；在职务晋升、职称评定、工资调整和年度考核等方面，享有与原单位人员同等待遇；不享受帮教扶教民办学校的相关待遇。各级教育部门要为民办学校教师到公办学校挂职和跟岗帮培创造条件。

（十四）支持建设特色优质民办学校。

各级教育部门、人力资源和社会保障部门要加强对民办学校在人力资源管理、课程改革、教学实施、教师培训、教育科研等方面的业务指导，促进民办学校特色优质发展。选择具有一定办学水平的民办中小学和幼儿园加入“民办资助”计划，通过购买服务、教师援助、改善办学条件等政策措施，推动其建设成为规范特色民办学校。经费安排、科研项目、评优评先、表彰奖励等，要向有特色的民办学校倾斜。鼓励和支持优质民办学校走集团化发展道路，组建集团式的办学实体，创新体制机制和育人模式，创建特色学校，培育自身品牌。鼓励有条件的民办学校开展多种形式的国际交流合作。

（十五）加大对义务教育阶段标准化民办学校、规范化民办幼儿园的支持力度。

对建成的义务教育阶段标准化民办学校，市级财政给予一次性补贴 25 万元，对建成的规范化民办幼儿园给予一次性补贴 8 万元；各区（县级市）政府要根据财力等实际情况，对建成的义务教育阶段标准化民办学校和规范化民办幼儿园给予一定的补贴，补贴资金应主要用于改善学校办学条件和开展教育教学活动。到 2015 年，全市义务教育阶段标准化民办学校建成率达到 80%；规范化民办幼儿园建成率达到95%。

四、落实政策法规，保障民办学校师生合法权益

（十六）提高民办学校教师工资水平。

市教育部门会同市人力资源和社会保障部门制定民办学校教师工资指导标准。民办学校要建立健全教职工工资专户制度和增长机制，按时足额发放工资。

要按照差别化扶持原则，对符合规定条件的学前教育、义务教育、高级中等学历教育（包括职业教育、技工教育）的民办学校专任教师发放从教津贴，具体实施办法由市教育部门会同市财政部门、人力资源和社会保障部门制定。

（十七）提高民办学校教师退休待遇。

支持民办学校为教师购买年金，提高民办学校教师社会保障能力。综合民办学校办学层次、办学条件和办学行为以及公益性、普惠性程度等因素，采取以奖代补的方式支持学前教育、义务教育、高级中等学历教育（包括职业教育、技工教育）的民办学校为教师购买年金。民办学校及教师应当依法参加各项社会保险并履行缴费义务。

（十八）重点解决民办学校教师入户问题。

采取积分制办法，重点解决在全市民办学校连续工作4年以上（含4年），年龄45周岁以下（含45周岁），具有本科及以上学历、中级及以上职称，教育教学业绩突出的民办学校现任教师及其配偶、未成年子女入户问题。

（十九）依法落实民办学校教师合法权益。

各级教育部门、人力资源和社会保障部门要将民办学校

教师资格认定、专业技术职称评定、科研项目申报、评优评先等工作纳入统一管理，执行与公办学校教师同等的待遇政策。各级教育部门要建立民办学校校长培训和教师继续教育的鼓励和监督制约机制，严格执行与公办学校相同的培训成本分担政策。建立健全民办学校教师档案管理制度。民办学校要为校长和教师参加培训提供经费保障和时间保障，确保校长和教师按要求完成培训任务。

（二十）保障民办学校学生合法权利。

民办学校学生在升学、就业、困难家庭资助、交通费减免等社会优待和参加评先评优等方面，享有与同级同类公办学校学生同等的权利。要将入读民办学校的困难家庭学生纳入学生资助体系，确保民办学校困难家庭学生接受教育的权利。

五、依法加强管理，规范民办学校办学行为

（二十一）完善现代学校制度和财务、资产管理制度。

民办学校要依法完善学校理事会、董事会结构，规范理事会、董事会成员构成，学校举办者应选派熟悉和热衷教育工作的人员参与理事会、董事会。民办学校要建立健全理事会、董事会科学民主决策机制，完善理事会、董事会议事规则和运作程序；要依法明确理事会、董事会和校长的权责，保障校长和学校管理机构依法行使教育教学和行政管理权利；实行教职工代表大会、校务公开等民主管理和监督制度。

民办学校要实行内部预算管理，健全财务管理制度，依法到银行办理学校单位账户（基本户），所有收入、支出费用必

须通过单位账户进行结算，不能坐收坐支。年检时上报的年度财务审计报告，应由民办学校聘请审批机关确定的目录范围内具有资质的会计师事务所出具。民办学校年度财务审计报告要注明举办者的回报额和回报率。

市教育部门会同市财政部门进一步完善民办学校财务管理办法和会计核算办法。各级政府要建立由财政、监察、教育、民政等部门和社会专业人士组成的核查小组，不定期对民办学校财务管理和法人治理结构情况进行专项检查。

（二十二）严格执行国家有关收退费政策。

各级价格主管部门和教育部门要根据学校近三年生均教育培养成本和合理回报率，结合学校未来发展规划需要以及物价波动的因素，审核和批准实施义务教育和普通高中教育的民办学校收费标准。民办学校收费应当按照有关规定向受教育者出具财税部门规定的票据。实施学历教育的民办学校根据有关规定按学期或学年收费；实施非学历教育的民办学校按学习期限或价格主管部门规定的周期收费。民办学校学生退学退费的，应严格执行有关规定，不得拖延、推诿。

（二十三）建立完善民办学校准入制度和退出机制。

各级审批机关要严格按照设置标准审批新设置民办学校，现有尚未达到设置标准的民办学校要通过改造、合并等方法实现达标，逐步淘汰超过整改期限仍未达到设置标准的民办学校。各区（县级市）政府要采取以下措施，逐步减少义务教育阶段民办学校在校学生比例：严格控制义务教育阶段民办学校总量、停止审批公办学校参与举办义务教育阶段民办学校、增加义务教育阶段公办学校接受来穗人员随迁子女入学数量、原则上回收租赁期满的小区配套民办学校校舍等。

（二十四）建立健全民办教育督导评估制度。

要将民办教育发展情况纳入各区（县级市）党政干部工作实绩考核和教育现代化先进区评估指标内容。继续以等级评估为抓手，推动基础教育各阶段民办学校不断提高办学水平。将义务教育阶段民办学校纳入标准化学校建设和验收范围。各级教育督导部门要将民办学校纳入督学责任区范围，建立对办学行为常规化、专业化的督查制度。

（二十五）完善民办学校的年检制度和招生简章及广告的备案制度。

加强对民办学校年检结论的运用，作为对民办学校评优评先、资助奖励、招生计划安排、行政处罚等管理工作的重要依据。对年检不合格的民办学校，由审批机关责令限期整改，并根据实际情况对其予以减少招生计划或暂停招生的处理。民办学校通过报刊、广播、电视、互联网等媒体刊登、播放或者自行张贴和散发的招生简章及广告样本，应当在发布前 10 个工作日报审批机关备案。

（二十六）建立民办学校风险防范机制。

民办学校应当设立风险准备金，用于学校发生清算、突发事件以及其他有关事宜的处理。风险准备金属于学校资产，实行专户存储，由学校与审批机关、开户银行三方签订监督协议共同监管。未经审批机关书面同意，任何组织和个人不得动用风险准备金。

新开办的民办学校风险准备金标准依办学层次和办学规模确定，幼儿园不低于 20 万元，小学不低于 50 万元，初中不低于80万元，高（职）中和技工院校不低于100万元，非学历教育培训机构（职业技能培训机构）不低于10万元。学校设立第二年起，按已开办的民办学校风险准备金存储规定执行。

已开办的民办学校应当从年度学费收入中，按一定比例存储风险准备金，累计余额达到学校当年年度学费收入的一定比例时，方可不再增存。各级教育部门、人力资源和社会保障部门应当按照民办学校的办学层次、办学条件、办学规模以及财务状况等因素规定以上存储比例；各区（县级市）教育部门、人力资源和社会保障部门应当将以上存储比例报上级主管部门。

（二十七）建立健全民办学校信息发布制度。

各级教育部门、人力资源和社会保障部门要通过政府网站、新闻媒体等多种途径，向社会发布民办学校审批、变更、终止、年检、评估、广告备案、招生资格、违法办学等信息，保障群众的知情权和选择权。

（二十八）加强对公办学校参与举办民办学校的规范管理。

按照《中华人民共和国民办教育促进法》及其实施条例规定的“四独立，两分离”要求，规范公办学校参与举办民办学校的办学行为。坚持实事求是、分类指导的原则，稳妥推进公办学校参与举办的民办学校改革发展。对公办学校（含公办学校工会、教育工会等）单独出资举办、不符合“四独立，两分离”要求的民办学校，逐步理顺关系，转为公办，或者完全转由社会承办。对公办学校以学校品牌等无形资产与社会力量合作举办的民办学校，应委托具有资产评估资质的评估机构对上述无形资产进行评估，并在合作办学协议中明确作价出资比例。

各级教育部门、财政部门要对公办学校参与举办民办学校提取合理回报所得的收入进行监督，该回报按规定计缴国有资产有偿使用收入，剩余收入由财政核拨单位全额上缴财政，实行收支两条线管理；财政核补和经费自筹的事业单位按规定纳入单位预算，统一核算、统一管理。

审批机关要停止审批公办学校参与举办义务教育阶段民办学校。

（二十九）加强民办学校招生考试工作管理。

进一步深化义务教育阶段民办学校招生考试制度改革，民办学校招生考试制度改革要有利于全面贯彻党和国家的教育方针、实施素质教育和提高教育质量；有利于促进学生生动、活泼、主动学习，培养学生的创新意识和创新能力，发展学生个性特长。进一步完善招生考试方式，义务教育阶段民办学校要认真贯彻执行《中华人民共和国义务教育法》关于“适龄儿童、少年免试入学”的规定，自主确定招生的范围、标准，不得采取考试方式进行选拔。民办学校要按核准登记的办学层次和办学规模进行招生，不得随意扩大招生范围和招生规模。

六、其他

（三十）本意见所称的民办学校是指由市、区（县级市）教育或人力资源和社会保障部门审批，同级民政部门登记，国家机构以外的社会组织或者个人利用非国家财政性经费，依法在本市行政区域内面向社会举办的学校及其他教育机构。

（三十一）本意见自印发之日起实施，有效期5年。相关法律或政策依据变化及有效期届满，依据实施效果依法进行评估修订。

广州市人民政府
2014年3月12日

参考文献

1. 黄崴．教育法学．北京：高等教育出版社，2007.

2. 张添洲．学校经营与行政．台北：五南图书出版股份有限公司，2003.

3. 友友．伊顿公学和精英教育．北京：电子工业出版社，2011.

4. 胡东芳，蒋纯焦．“民办”咋办？福州：福建教育出版社，2001.

5. 夏征农．辞海（缩印本）．上海：上海辞书出版社，2000.

6. 陈琦，刘儒德．当代教育心理学．北京：北京师范大学出版社，2007.

7. （清）李渔．闲情偶寄．民辉译．长沙：岳麓书社，2000.

8. 崔允漷．有效教学．上海：华东师范大学出版社，2012.

9. 胡庆芳．精彩课堂的预设与生成．北京：教育科学出版社，2007.

10. 普通高中英语课程标准（实验）．北京：人民教育出版社，2008.

11. 黄远振．新课程英语教与学．福州：福建教育出版社，2003.

12. 曾琦．学会合作：青少年合作学习指南．北京：中央编译出版社，2010.

13. 胡春洞．英语教学法．北京：高等教育出版社，1994.

14. 广东省教育考试院．2013 年普通高等学校招生全国统一考试（广东卷）英语考试大纲的说明．广州：广东高等教育出版社，2013.

15. 陈琳，王蔷，程晓堂．普通高中英语课程标准（实验）解读．南京：江苏教育出版社，2004.

16. 叶澜，杨小微．教育学原理．北京：人民教育出版社，2009.

17. ［法］古斯塔夫·勒庞．乌合之众：大众心理研究．戴光年译．北京：新世界出版社，2011.

18. 龚亚夫，罗少茜．任务型语言教学．北京：人民教育出版社，2003.

19. 普通高中数学课程标准（实验）．北京：人民教育出版社，2003.

20. 李士锜．PME：数学教育心理学．上海：华东师范大学出版社，2001.

21. 施良方．课程理论：课程的基础、原理与问题．北京：教育科学出版社，1996.

22. ［美］M. 希尔伯曼．积极学习：101 种有效教学策略．陆怡如译．上海：华东师范大学出版社，2005.

23. 王坦文．合作学习原理与策略．北京：学苑出版社，2001.

24. 刘恩山．中学生物教学论．北京：高等教育出版社，2003.

25. 施良方，崔允漷．教学理论：课堂教学的原理、策略与研究．上海：华东师范大学出版社，2001.

26. 苗逢春．信息技术教育评价：理念与实施．北京：高等教育出版社，2003.

27. 广东省教育厅教研室．广东省普通高中新课程：学科教学指导．广州：广东教育出版社，2004.

28. 王建．民办学校分类管理．北京大学教育评论，2012（2）.

29. 王文源．民办学校合理回报与财产权制度构建．教育发展研究，2005（7B）.

30. 杨光华，陈晓春．非营利性组织产权问题研究．哈尔滨学院学报，2005（3）.

31. 陈秋苹．立足促进：民办高校产权问题探析．中国高等教育，2003（18）.

32. 张铁明等．产权激励机制是民办教育制度安排的关键．教育发展研究，2007（7B－8B）.

33. 李清刚．五个国家中心城市 2010 年民办教育状况的统计分析．教育导刊，2012（2）.

34. 李清刚．广州新课改：进展与启示．河南教育，2008（4）.

35. 丁念金，王中男．国外私立中学的课程问题及其启示．外国中小学教育，2008（8）．

36. 李清刚．研究性教学初探．教育导刊，2010（1）．

37. 黄崴，李清刚．民办学校品牌内涵及培育策略．民办教育研究，2004（4）．

38. 钱朴．教师流动中的社会学问题探讨．上海教育科研，2006（11）．

39. 王文赫．帮助孩子击退上学恐惧症．现代保健，2006（9）．

40. 陈友放．送给学生干部 6 个“秘笈”．交通职业教育，2005（1）．

41. 张火炎．合作学习的“小组讨论”必须务实．语文月刊，2012（7）．

42. 李艳梅．巧妙导入新课　发挥学生主体性．北京教育（普教），2012（4）．

43. 王坦. 论合作学习的理论基础. 教育评论，1994（4).

44. 章水云．新课标下高中数学“有效教学”的策略探究. 中学数学研究，2006，4（8).

45. 陈俊林．合作学习、交流帮助与学习成绩的关系. 郑州航空工业管理学院学报（社会科学版)，2004（1）．

46. 潘代红．合作学习：现代高中数学课堂教学的趋势．学园（教育科研)，2012（5）．

47. 李联忠．对高中数学新课程教学实践的探索．新课程学习（社会综合)，2011（1）．

48. 左昌伦．促进学生有效地合作学习．中国教育学刊，2003（6）.

49. 胡杨. 学案教学打造高效课堂. 语文教学与研究（综合天地），2011（4）.

50. 孟海军. 小组合作学习在地理教学中的实践. 中国科教创新导刊，2010（24）.

51. 吴秀凤. 浅谈地理教学中的小组合作学习. 中国科教创新导刊，2011（18）.

52. 杨丽. 新世纪中小学教育改革的特点与趋势. 教育探索，2001（9）.

53. 易增加. 开放信息技术教学　培养学生信息素养. 中国电化教育，2002（5）.

54. 肖川. 新课程与学习方式变革. 中国教育报，2002-06-01.

55. 郭静. 高中语文课堂导入教学研究. 河南大学硕士学位论文，2011.

56. 苏焱. 新课程背景下普通高中数学有效合作学习的研究与实践. 天津师范大学硕士学位论文，2009.

57. 孟繁华. 乡村文明的崩溃与“50后”的终结. 人文与社会网，http://wen.org.cn/，2012-06-30.

58. 梁晓波. 对中学生集中注意力的一点思考. 育星教育网，http://www.ht88.com/article/article_21624_1.html，2011-03-30.

59. 关于高中生上课注意力不集中现象的调查. 教育档案，http://www.jydoc.com/article/1716433.html，2009-06-22.

60. 胡乐花，高宗政. 浅论新课程理念与合作学习的整合研究．思想者园地网，http://www. sxzyd. net/Item/16663. aspx，2006 -04 -08.

61. Johnson, D. W. & Johnson, R. T. (2001). Cooperative Learning.

62. Johnson, D. W. & Johnson, R. T. (2001). An Overview of Cooperative Learning.

后 记

本书是在广东省教育科研“十二五”规划课题“民办学校推进课程改革的问题与对策”（编号：2011TJK214）研究成果的基础上整理而成的。该课题的研究团队主要由广州市民办教育研究中心秘书长、副研究员李清刚（主持人），广州市教育科学研究所书记李柏宁，白云区京溪小学教师李小群，广州市培才高级中学（民办）校长吴桂英、副主任周利及该校有关学科组教师组成。“民办学校推进课程改革的问题与对策”课题自立项到结题前后经历三年时间的探索，其间我们研究团队一同经受了理论迷雾的困扰，分享了破除障碍的快乐，也体验到学术的尊严与自由；不仅提升了教育教学的自我效能感，更重要的是一起相伴成长。

本书撰写分工如下：绪论（李清刚）；《民办教育的产权分析》（李清刚），《民办学校教师课程实施的问题与对策》（李清刚、李小群），《民办学校教师流动问题探讨》（李清刚、李柏宁），《“弃学”的成因与对策分析》（李小群）；《课堂导入在小组互助合作学习中的作用》（梁茵茵），《设计以学习者为中心的互助合作式导学案》（梁琅），《小组互助合作环节在语文课堂上的落实》（江伟嫦），《对话式导学案的设计及施行》（蔡绮虹），《小组互助合作学习在高中英语阅读教学中的有效运用》（邹晓玲），《小组互助合作学习在英语讲评课中的探索与实践》（陈景筠），《高中数学课堂开展小组互助合作学习的研究与实践》（陈亮），《高中数学小组互助合作学习模式的反思与建议》（黄振良），《小组互助合作学习在高三政治教学中的实践与探索》（李永勤），《小组互助合作学习在高中生物教学中的实践与探索》（周利、吴桂英），《高中生物课堂小组互助合作学习的教学尝试与反思》（蔡妙芸），《小组互助合作学习在高中地理教学中的应用策略》（姜莉莉），《在高中信息技术教学中实施小组互助合作学习研究的探索》（黄志坚）。全书由李清刚和吴桂英统稿。

由于受到研究时间的限制，也为了保证研究的效果，课题组没有在广州市培才高级中学展开全部学科组的研究与探索，而是希望在部分学科组的课程与教学改革探索取得突破和形成初步经验后，再全面提炼、反思、升华，争取发掘出一些原则性或普遍性的认识或观点，以期指导民办学校的课程与教学改革，并在持续的实践中进一步充实、修正和完善研究成果。

本书在整理过程中得到了广东省教育研究院黄崴副院长（博士生导师）的学术指导，华南师范大学公共管理学院彭虹斌教授（博士生导师）、广州大学教育学院苏启敏副教授（博士后）、广州市教育局江东副局长、广州市教育局民办教育处黄雪红处长、广州市教育科学研究所傅荣副教授、梁东标副教授等专家也给予了热情帮助，暨南大学出版社李艺编辑为本书付梓付出了辛劳，在此一并表示诚挚的谢意！因研究水平有限，在研究和撰写过程中难免存在疏漏，敬请广大读者批评指正。

李清刚　吴桂英

2014 年 2 月

本书为广东省教育科研“十二五”规划课题“民办学校推进课程改革的问题与对策”（编号：2011TJK214）研究成果